spielen WIR THEATER

Zehn Theaterspiele für die Grundschule von der EINSCHULUNG bis zur ABSCHLUSSFEIER

Bernhard Görnig

Verlag an der Ruhr

Impressum

Titel
Wir spielen Theater
Zehn Theaterspiele für die Grundschule
von der Einschulung bis zur Abschlussfeier

Autor
Bernhard Görnig

Verlag an der Ruhr
Mülheim an der Ruhr
www.verlagruhr.de

Geeignet für die Klassen 2 – 4

Unser Beitrag zum Umweltschutz
Wir sind seit 2008 ein ÖKOPROFIT®-Betrieb und setzen uns damit aktiv für den Umweltschutz ein. Das ÖKOPROFIT®-Projekt unterstützt Betriebe dabei, die Umwelt durch nachhaltiges Wirtschaften zu entlasten.
Unsere Produkte sind grundsätzlich auf chlorfrei gebleichtes und nach Umweltschutzstandards zertifiziertes Papier gedruckt.

ISBN 978-3-86072-430-9

Printed in Germany

Inhaltsverzeichnis

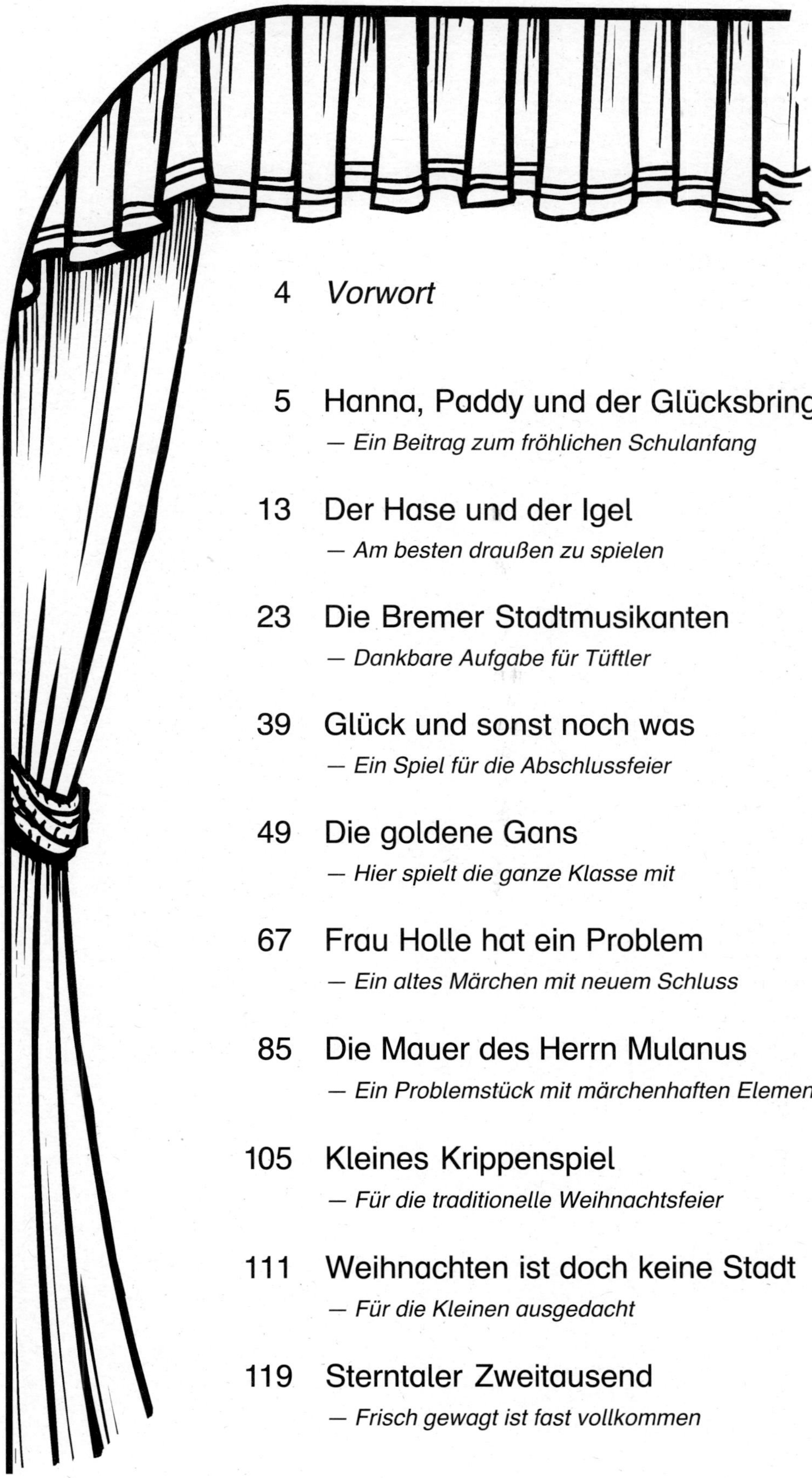

Theaterspielen – eine lohnende Sache

Nach didaktischen Begründungen für das Theaterspielen in der Schule müssen wir nicht lange suchen. Das sinnerfassende Lesen erfolgt bei einem Rollentext, der zur Aufführung gelangen soll, zwingend sehr intensiv. Über die Zwischenstation „Rollenlesen“ wird das Geschriebene in Handlung, Gestik und Mimik umgesetzt. Und die Motivation zum Auswendiglernen ergibt sich aus der Sache selbst. Ein großer Vorteil des Theaterspielens gegenüber vielen anderen Unterrichtsinhalten: Es ist von Anfang an auf einen Adressaten ausgerichtet, auf den Zuschauer und Zuhörer. Zwar bleibt es ein Spiel; indem wir es aber für andere planen, treten wir in eine jener echten Kommunikationssituationen ein, die wir im Sprachunterricht immer wieder suchen und manchmal so mühsam herbeizitieren.

Texte sind kein Tabu. Bei der Umsetzung eines Märchens in ein szenisches Spiel zum Beispiel ist es erlaubt, Inhalte zu verändern. Stellt man den neu gestalteten Text der literarischen Vorlage gegenüber, verliert diese den Anspruch, die einzig gültige Ordnung zu vertreten. Grausamen Märchen kann man so die Bedrohlichkeit nehmen, die von ihnen ausgeht.

Darüber hinaus ist es möglich, uns der Sprache in einer bestimmten Absicht zu bedienen, etwa der, die vergnügliche Wirkung eines Spiels zu erhöhen, indem wir auf aktuelle Ereignisse und lokale Besonderheiten eingehen oder den Text der Eigenart eines Darstellers anpassen.

Entschließt man sich, Rollentexte gemeinsam mit den Kindern zu verfassen, müssen spezielle Schreibtechniken eingeübt werden. Meistens wird man in der Schule jedoch auf einen fertigen Rollentext zurückgreifen. Es bleibt dann wahrlich noch genug zu tun.

Die nachfolgenden Theaterspiele sind in der Praxis entstanden und erprobt. Sie geben in überwiegender Zahl jeweils vielen Kindern Gelegenheit, sich einzubringen. Bei der Vorbereitung und Aufführung werden ja nicht nur sprachliche Fähigkeiten gefördert. Es stellen sich auch fächerübergreifende Aufgaben, insbesondere für den musischen Unterricht. So wie im Sprachlichen durch Zuweisung einer passenden Rolle differenziert und individualisiert werden kann, bieten sich beim Bau der Kulissen, bei der Herstellung von Requisiten, Kostümen und Masken und bei der Einübung musikalischer oder tänzerischer Einlagen viele Möglichkeiten, jeden nach seinen Anlagen und Fähigkeiten einzubeziehen. Um die „Rolle“ als „Bühnenarbeiter“ oder „-techniker“ reißen sich ja oft Jungen (oder Mädchen), denen das Auswendiglernen weniger liegt, die sich aber engagieren wollen und nicht selten bemerkenswerte praktische und organisatorische Fähigkeiten entwickeln.

(Fast) jeder ist zu motivieren. Wenn viele mitmachen, kommen auch viele Eltern zur Vorstellung. Das ist ein durchaus erwünschter Nebeneffekt. Spätestens beim Schlussapplaus sind alle Mühen der Vorbereitung vergessen und man wird sagen: Es hat Spaß gemacht.

Hanna, Paddy und der Glücksbringer

Ein Beitrag zum fröhlichen Schulanfang

Hanna, Paddy und der Glücksbringer

Ein Beitrag zum fröhlichen Schulanfang

Über dieses Spiel

Ein Spiel in Versen für Kinder vom zweiten Schuljahr an

Der erste Schultag, als fröhliches Ereignis angekündigt, gerät für die erwartungsvollen Lernanfänger leicht zum ermüdenden Langweiler.

Haben sie die Hochglanzpolitur zu Hause überstanden, müssen sie in der Schule, eingeklemmt zwischen Erwachsenen, wohlgemeinte Begrüßungsreden und so genannte organisatorische Informationen über sich ergehen lassen. Klasseneinteilung und Stundenplanausgabe stehen auf dem Programm. Vielleicht ist auch ein Gottesdienst eingeplant, wenigstens aber doch ein Ständchen der anderen Schulkinder.

Ist da noch Zeit für ein Theaterstück? Kurz müsste es sein! Und lustig natürlich! Am besten mit Trick siebzehn!

Für dieses Spiel braucht man ausnahmsweise nur wenige Darsteller, was für die Vorbereitung – eventuell in der letzten Ferienwoche – durchaus ein Vorteil sein kann.

Anlass

Einschulung der Lernanfänger

Spielort

Jeder Ort, an den ein Tisch gestellt werden kann

Musik

Nach Belieben Lied, Flötenspiel oder Glockenton vor dem Stück

Dauer

ca. 10 Minuten

Mitwirkende

- Hanna, die eine Lehrerin spielt;
- Paddy mit dem übergroßen Ranzen;
- der Glücksbringer, als Marienkäfer kostümiert

Hanna

☞ *frisch*

Ich bin die Hanna. Hallo! Hallo!
Grüß euch alle! Wir sind froh,
dass ihr heut gekommen seid.
Es wurde ja auch höchste Zeit!
Habt lang auf diesen Tag gewartet;
jetzt ist er da, jetzt wird gestartet!
Doch reden wir nicht allzu viel;
beginnen wir mit einem Spiel:

☞ *nach kurzem Innehalten mit einbeziehender Geste*

Ihr seid die Kinder und ich bin
von Klasse eins die Lehrerin.

☞ *nimmt eine Brille aus der Tasche und setzt sie auf*

Ich setz die Brille auf, na bitte,
da höre ich von dort her Schritte.

☞ *deutet und blickt zur Seite, wo Paddy erscheint*

Nanu? Wer kommt denn da noch an?
Wohl leicht verspätet, junger Mann!

Paddy

☞ *mit dem übergroßen Ranzen auf dem Rücken*

Ich bin der Paddy. Grüß euch sehr!
Seht meinen Ranzen, groß und schwer!
Da ging es einfach nicht so schnell;
ich kam nicht richtig von der Stell.

Hanna

Du liebe Zeit! Auf deinem Rücken
so'n Ungetüm! Wie muss das drücken!
So groß! Was hast du denn im Sinn?
Und was ist in dem Ranzen drin?

Paddy

Schulsachen sind's und ein paar Dinge,
die ich dazu noch so mitbringe.
Mein andrer Ranzen war zu klein,
da fiel mir diese Lösung ein.

Hanna

☞ *zeigt auf die Tischplatte*

Na gut, stell ihn hier oben ab,
denn unterm Tisch, das wird zu knapp!
Und danach möchten wir geschwind
mal sehn, was das für Dinge sind.

Paddy

☞ *öffnet die Klappe von hinten nach vorn*

Ja gut, ich öffne schon die Klappe.
Hier bitte, meine Federmappe!

☞ *hebt das Mäppchen hervor, öffnet es und zeigt es*

Die Stifte schön in einer Reih,
Spitzer und Lineal dabei …

Hanna

Danke, das alles kennen wir!
Zeige die andern Sachen mir!

Paddy ☞ *hebt im Folgenden die jeweils genannten Dinge hoch und legt sie neben den Ranzen*
Hier sind Hefte, ein ganzer Stoß,
ein Zeichenblock auch, ziemlich groß,
dazu noch Farbkasten und Kreiden,
bunte Papiere zum Basteln und Schneiden!

Hanna Du hast an vieles schon gedacht!

Paddy Auch Bücher hab ich mitgebracht.
☞ *reicht sie Hanna nacheinander*

Hanna ☞ *zeigt jeweils die entsprechenden Bücher und legt sie auf den Tisch*
Die Fibel hier, das beste Stück!
Sachunterricht! Mathematik!
Schaut oft hinein! Dann sicherlich ...

Paddy ☞ *keck, zum Publikum*
... werdet ihr bald so klug wie ich!

Hanna Das alles füllt noch nicht den Ranzen,
ist nur ein kleiner Teil vom Ganzen.

Paddy Greifen Sie ruhig selbst hinein!

Hanna Es wird wohl nicht gefährlich sein!
☞ *greift in den Ranzen, tastet*
Beginne gleich an dieser Stell':
Was fühl ich da? Etwa ein Fell?

Paddy Das zu erraten ist nicht schwer!

Hanna Ja, klar, das ist ...
☞ *zieht den Teddy heraus*

Paddy ... mein Teddybär!

Hanna Ein Teddybär im Unterricht?
Nein, Paddy, das geht wirklich nicht!
Den lässt du besser mal zu Hause!

Paddy Aber das Springseil für die Pause,
das darf ich doch?
☞ *hält es hoch und legt es neben den Ranzen*

Hanna Das darfst du, richtig!
Sich zu bewegen ist sehr wichtig.
☞ *greift wieder in den Ranzen*
Das nächste Stück, auf das ich stoße ...
☞ *zeigt die Butterbrotdose und legt sie auf den Tisch*

Paddy Meine geliebte Frühstücksdose!

Hanna
Ein gutes Schulfrühstück, das schafft
gute Laune …

Paddy
… und gibt Kraft!

Hanna
☞ *greift wieder in den Ranzen*
Jetzt fühl ich etwas, rund und prall!
Was kann das sein? Doch nur ein Ball!

Paddy
Mein Fußball ist's!

Hanna
Ach Paddy, ehrlich:
Denk einmal nach: Viel zu gefährlich
ist Fußball so als Pausenspiel;
doch außerhalb – wir wandern viel –,
vor allem aber auch im Sport
findet sich schon der rechte Ort.
☞ *greift noch einmal in den Ranzen*
Nun ist der Ranzen beinah leer,
nein, unten noch was, ziemlich schwer!
☞ *zuckt zurück*
Huch! Das bewegt sich ja, o Graus!
Zieh meine Hand doch lieber raus!

Paddy
Nur keine Angst, Frau Lehrerin!
Da ist bestimmt nichts Schlimmes drin.
Das kann der Glücksbringer nur sein.
Schau'n Sie doch noch einmal hinein!

Hanna
☞ *schaut hinein*
Ein Glücksbringer? Fast scheint es mir,
das ist ein großes Krabbeltier,
mit roten Punkten auf den Flügeln!
Kann meine Neugier nicht mehr zügeln!

Paddy
So komm heraus, du Käfersmann,
damit dich jeder sehen kann!

Käfer
☞ *klettert aus dem Ranzen und stellt sich mit der Bauchseite zum Publikum*
Hurra, Kinder, ich bin da!
Roten Purpur trag ich ja
und, um euch recht zu entzücken,
sieben Punkte auf dem Rücken.
Bin als Glückskäfer bekannt
überall in Stadt und Land.

Paddy
Na, ist der nicht hübsch und groß?

Hanna
In der Tat! Doch sag mir bloß,
wie soll'n wir die Punkte sehn,
wenn sie auf dem Rücken stehn?

Paddy
Käfer, dreh dich bitte um
und zeig sie dem Publikum!

Hanna
Und dann zählen wir einmal,
ob auch stimmt die Siebenzahl.

☞ *Der Käfer dreht sich mit dem Rücken zum Publikum, Hanna zählt laut vor. Das Publikum zählt mit.*

Eins, zwei, drei, vier, fünf, sechs, sieben ...
alles richtig, meine Lieben!
Glückskäfer, du hast das Wort,
fahre mit der Rede fort!

Käfer
Also hört, ich wünsch euch Glück,
einmal für den Augenblick,
für die Zukunft also dann;
fangt die Schule fröhlich an!
Klappt es einmal nicht so gut,
dann verlieret nicht den Mut.
Lernt mit allen euren Sinnen!
Lehrer wünsch ich, Lehrerinnen,
mit Geschick und mit Humor,
mit Geduld und offnem Ohr!
Eltern wünsch ich, die bereit
für euch sind zu jeder Zeit,
die viel loben, wenig rügen;
Freunde, wünsch ich, die nicht lügen!
Singt schon mal ein schönes Lied!
Lacht dem zu, der mit euch zieht!
Lasst dem Regen seinen Lauf,
fangt die Sonnenstrahlen auf!
Und auf allen euren Wegen
wünsche ich euch Gottes Segen
Damit endet unser Stück,
und ich fliege schnell zurück.

☞ *Zur Seite ab. Hanna und Paddy hinter ihm her.*

Hinweise zum Spiel

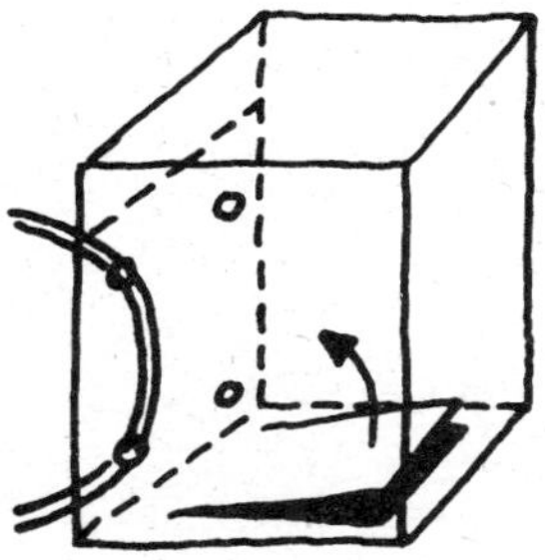

Abb. 1

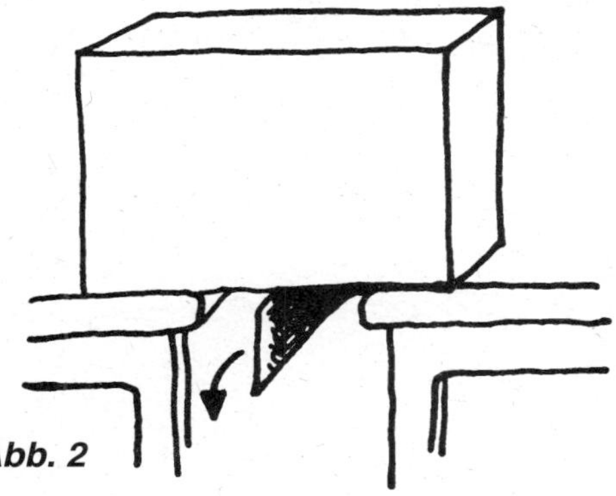

Abb. 2

Abb. 3

Paddys Ranzen besteht aus einem großen, aber nicht zu schweren Verpackungskarton. Als solcher darf er auch zu erkennen sein.

Bohren Sie zum Anbringen der Tragegurte vier Löcher in den „Rücken“ des Ranzens und ziehen Sie jeweils ein Seil oder einen Riemen durch die zwei übereinanderliegenden Löcher. Der Boden des Kartons ist ebenfalls präpariert. Er lässt sich nach innen hochklappen ***(Abb. 1)***.

Der Glücksbringer verbirgt sich vor dem Spiel unter einem als Lehrerpult erscheinenden Tisch oder Verschlag. In die Platte ist eine rechteckige Öffnung eingeschnitten. Wer keinen geeigneten Tisch oder Verschlag hat, kann sich mit zwei Schülertischen behelfen ***(Abb. 2)***. Damit der Glücksbringer nicht gesehen wird, sollte die zum Publikum offene Seite des Tisches oder des Schülertischarrangements mit einem Tuch abgedeckt werden. So ist es dem Glücksbringer möglich, mit Hilfe eines Trethockers durch die Klappe in den „Ranzen“ und aus ihm herauszusteigen ***(Abb. 3)***. Während er das tut, halten Hanna und Paddy wie beiläufig mit einer Hand den Karton fest.

Der Glücksbringer ist von Kopf bis Fuß schwarz gekleidet. Die roten, schwarzgepunkteten Flügel lassen sich in der Form eines Umhangs aus Stoff zuschneiden. Man kann sie auch aus einem größeren Pappdeckel (Tonpapier oder Fotokarton) herstellen, den man in der Längsrichtung knickt und an zwei Schulterbändern auf dem Rücken trägt ***(Abb. 4)***.

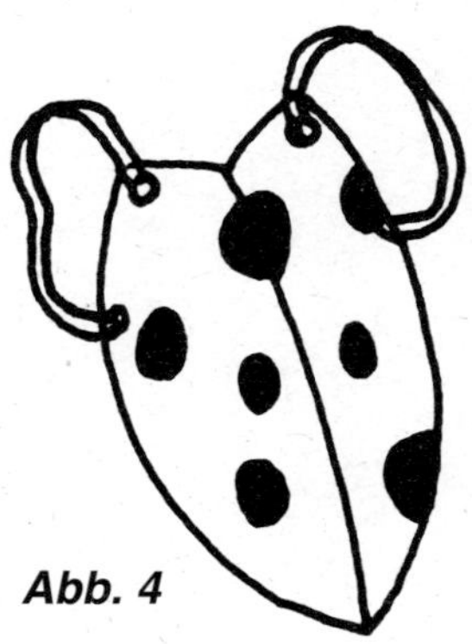

Abb. 4

Der Hase und der Igel

Am besten draußen zu spielen

Der Hase und der Igel

Am besten draußen zu spielen

Über dieses Spiel

Ein Spiel für Kinder vom zweiten Schuljahr an

Hand aufs Herz: Ist es nicht schrecklich, wie der Hase nach seinem Wettlauf mit dem Igel tot zu Boden stürzt und ihm das Blut aus dem Halse fließt? So hart werden im Märchen die Hochmütigen bestraft!

Unser Schluss ist vergnüglicher, ganz abgesehen davon, dass er sich besser spielen lässt.

Das Stück kann gut im Rahmen von Aktionstagen oder während einer Projektwoche eingeübt und abschließend aufgeführt werden.

Für die Darsteller gilt die allgemeine Forderung „Sprich langsam, laut und deutlich!" draußen in besonderem Maße. Was nicht bedeutet, dass Gestik und Mimik zweitrangig sind.

Anlass

Klassen- oder Schulfest, Aktions- oder Projekttage, Elternnachmittag

Spielort

Eine mindestens 15 m lange Fläche auf dem Schulhof, auf dem Sportplatz, auf einer Wiese oder in der Turnhalle. Rechts das Haus der Igelfamilie. Links ein beliebiges Versteck für den Hasen, der aber auch aus den Reihen der Zuschauer hervortreten kann.

Musik

Die Texte für den Chor können nach den angegebenen bekannten Melodien gesungen werden. Wer Lust hat, kann auch eigene Melodien erfinden.

Dauer

ca. 20 Minuten

Mitwirkende

- 1. Sprecher,
- 2. Sprecher,
- 3. Sprecher,
- Hase,
- Igel,
- Igelfrau,
- Chor

Der Hase und der Igel

Textseite 1

1. Sprecher Ihr Leute, schaut her! Braucht nicht weit zu gehen!
Ein lustiges Stückchen gibt's hier jetzt zu sehen.
Es wird euch gefallen, ich geb' Brief und Siegel:
es ist die Geschichte vom Hasen und …

Igel ☞ *tritt aus seinem Haus*
vom Igel natürlich. Der bin ich nämlich. Ihr habt mich sicher sofort erkannt. Und das ist mein Haus.
☞ *zeigt es*
Schön, nicht wahr? Warum ich herausgekommen bin? Ich will ein bisschen spazieren gehen. Meine Frau füttert drinnen die Kinder. Sieben hungrige Mäuler! Ihr könnt euch denken, was da los ist! Ich verziehe mich lieber eine Weile.
☞ *geht spazieren*

2. Sprecher Der Igel geht spazieren. Er brummt ein Lied vor sich hin. Er kann nicht gut singen, aber er versucht es trotzdem. Und dieses Lied ist sein Lieblingslied. Es klingt so:

Chor und Igel
☞ *(Melodie: Ein Schneider fing 'ne Maus.)*
Ein Igel, der ist schlau.
Ein Igel, der ist schlau.
Ein Igel, der ist superschlau,
das stimmt ganz genau.
Ein Igel, der ist schlau.

2. Sprecher Habt ihr's bemerkt? Wenn das Lied erklingt, wird er richtig fröhlich.

3. Sprecher Er kann ja nicht sehr schnell gehen, weil er so kurze Beine hat, Aber er kommt damit zurecht und wehe, wenn einer was gegen seine Beine sagt!

Hase ☞ *tritt auf der anderen Seite hervor*

2. Sprecher Da ist ja noch einer unterwegs. Ausgerechnet der Hase! Na, wenn die beiden sich begegnen!

3. Sprecher Der Hase ist nämlich ziemlich stolz und eingebildet.

Hase Warum soll ich nicht stolz sein?
Schließlich bin ich der Hase. Und ich bin bekannt als der schnellste Läufer weit und breit.

Chor ☞ *(Melodie: Dornröschen war ein schönes Kind.)*
Als schnellster Läufer in dem Land,
in dem Land, in dem Land,
da ist der Hase wohlbekannt,
wohlbekannt.

Hase ☞ *selbstgefällig*
Ja, so ist es. Aber nun will ich weiter. Ich muss nämlich nach meinen Steckrüben sehen.
☞ *stolziert weiter*

2. Sprecher Er geht weiter. Geht? Nein, er stolziert.
Seht ihn euch an!
Und nun begegnet er tatsächlich dem Igel.

Igel ☞ *freundlich*
Guten Tag, lieber Hase!

☞ *Der Hase bleibt stehen, blickt aber, den Kopf erhoben und die Hand über den Augen, in eine andere Richtung und antwortet nicht. Der Igel, nun mit tiefer Verbeugung:*
Guten Tag, gnädiger Herr Hase!

Hase ☞ *von oben herab*
Ach, der Igel! Was hast du denn hier zu suchen?

Igel Ich bin ein bisschen umhergelaufen,
um frische Luft zu schnappen.

Hase Umhergelaufen? So, so: umhergelaufen!
Du mit deinen kurzen Beinen!
Du willst umhergelaufen sein?

Igel Also gut, ich bin gegangen.
Wenn dir das besser gefällt!

Hase Ob es mir gefällt, spielt keine Rolle.
Tatsache ist doch, dass du gar nicht laufen kannst mit deinen kurzen Beinen.
Da, schau dir meine Beine an!
Damit kommt man voran.
☞ *deutet auf seine Beine*

Igel Ich komme auch voran.

Hase Aber wie!

Igel Vielleicht schneller als du!

Hase Was sagst du? Die frische Luft ist dir wohl nicht bekommen. Du willst schneller sein als ich?

Igel Es käme auf einen Versuch an.

Hase Was? Willst du etwa mit mir um die Wette laufen? Ich lache mich halb tot.

Igel ☞ *zum Publikum:*
Er wird sich halb tot laufen.
☞ *zum Hasen:*
Um was wollen wir wetten?

Hase Du meinst es wirklich ernst? Nun gut, das ist die verrückteste Wette, von der ich je gehört habe. Ich biete die größte von meinen Steckrüben.

Igel Ich setze eine Kiste von meinen schönsten Äpfeln dagegen.

Hase Topp, die Wette gilt.

Igel Topp, die Wette gilt.

☞ *Sie schlagen ein.*

Hase Von mir aus kann es sofort losgehen.

Igel Ach, weißt du, ich habe schon einen langen Weg hinter mir und noch nicht gefrühstückt. Das möchte ich erst noch tun.

Hase Na gut, treffen wir uns hier in einer Stunde. Ich sehe mir in der Zeit meine Steckrüben an.

Igel Abgemacht. Vielleicht solltest auch du dich noch etwas stärken.

Hase ☞ *zum Publikum:*
Hört ihr das? Ich lache mich halb tot!

Igel ☞ *ebenfalls zum Publikum:*
Er läuft sich halb tot.

☞ *Sie gehen auseinander.*

Chor ☞ *(Melodie: In einem kleinen Apfel)*
Der Hase und der Igel
sind ein ungleiches Paar.
Und wer wohl schneller laufen kann,
das ist doch jedem klar.

1. Sprecher Der Hase sieht sich also seine Steckrüben an. Der Igel geht nach Haus. Die Igelfrau steht in der Tür und wartet schon auf ihn.

Igelfrau ☞ *in der Tür*
Mann, wo bleibst du denn so lange?

Igel Zieh dich an, Frau! Du musst mit mir aufs Feld.

Igelfrau Was soll ich denn auf dem Feld? Ich habe im Haus zu tun.

Igel Ich will mit dem Hasen um die Wette laufen und du sollst dabei sein.

Igelfrau Alle guten Geister! Hast du den Verstand verloren? Du willst mit dem Hasen um die Wette laufen?

Igel Ja, und ich will sogar gewinnen. Komm mit! Ich habe dir was zu sagen.

Igelfrau Oh weh! O weh! Ich glaube, dir hat es wirklich die Sinne verwirrt.

Igel Nun komm schon!

2. Sprecher Die Igelfrau wirft schnell noch einen Blick auf die Kinder. Da ist alles in Ordnung. Und dann geht sie mit ihrem Mann. Was soll sie auch sonst tun?

☞ *Igel und Igelfrau gehen zum Feld.*

Chor ☞ *(Melodie: Fuchs, du hast die Gans gestohlen)*

Igelfrau ist fast verzweifelt
und fragt sich bedrückt,
und fragt sich bedrückt:
Wettlauf mit dem Hasen wagen;
ist mein Mann total verrückt?
Wettlauf mit dem Hasen wagen;
ist mein Mann verrückt?

3. Sprecher Sie sind am Feldrain angekommen. Gebt gut acht, was nun geschieht!

Igel Pass auf, Frau, du hast nichts weiter zu tun, als dich hier in diese Furche zu setzen. Wenn der Hase ankommt, rufst du einfach: Ich bin schon da! Weiter nichts!

Igelfrau Weiter nichts?

Igel Weiter nichts!

Igelfrau Meinetwegen.
☞ *hockt sich hin*
Aber was soll das alles?

Igel Das wirst du schon merken. Tu nur, was ich sage!
☞ *geht zum Hasen*

2. Sprecher Der Igel geht nun zum anderen Ende des Feldes, wo der Hase auf ihn wartet.

Hase ☞ *ungeduldig*
Na, kann's jetzt losgehn?

Igel Ich bin bereit. Ich laufe in dieser Furche,
du daneben in der anderen.
Du kannst das Kommando geben!

Hase Also gut: Auf die Plätze – fertig – los!

☞ *Sie laufen los. Nach wenigen Schritten kehrt der Igel an den Startplatz zurück und duckt sich.*

Chor Lauf, Hase lauf, Hase lauf, Hase lauf!
Lauf, Hase lauf, Hase lauf!

☞ *Der Hase kommt am anderen Ende an.*

Igelfrau Ich bin schon da!

Hase ☞ *starrt sie überrascht an*
Das kann doch nicht wahr sein.
Los, noch einmal gelaufen!

Igelfrau Meinetwegen!
☞ *zum Publikum:*
Jetzt hab ich's kapiert!

Hase Auf die Plätze – fertig – los!
☞ *Er rennt zum anderen Ende. Die Igelfrau bleibt zurück.*

Chor Lauf, Hase lauf, Hase lauf, Hase lauf!
Lauf, Hase lauf, Hase lauf!

Igel Ich bin schon da!

Hase Das gibt's doch nicht! Das ist unmöglich!
Noch einmal gelaufen!

Igel Meinetwegen so oft du willst!
Mir macht das nichts aus.

Hase Auf die Plätze – fertig – los!

☞ *Das Spiel wiederholt sich noch ein- oder zweimal, allerdings während des folgenden Chorgesangs ohne Dialog.*

Chor ☞ *(Melodie: In einem kühlen Grunde)*
So lief der arme Hase den lieben, langen Tag,
doch konnt er nicht gewinnen, ihr seht,
woran das lag,
doch konnt er nicht gewinnen, ihr seht,
woran das lag!

2. Sprecher Ja, den lieben, langen Tag rannte der Hase über das Feld. Zuletzt stürzte er erschöpft zu Boden.

Hase ☞ *stürzt in der Nähe des Igels zu Boden und japst:*
Ich kann nicht mehr! Ich kann nicht mehr!
Du hast die Wette gewonnen!
Wie hast du das nur geschafft?

Igel ☞ *nach kurzem Überlegen*
Man muss es eben nicht nur in den Beinen haben, sondern auch im Kopf.

Hase Wie meinst du das?

Igel Wie ich das meine? Sieh mal, wer da kommt!

Hase Wo?

Igel Na, dort!
☞ *zeigt auf die Igelfrau, die sich nähert*
Wer kommt da über das Feld herüber?

Hase ☞ *sich aufrichtend*
Sehe ich doppelt? Das bist du ja noch einmal!

Igel Nein, das ist meine Frau!
Merkst du noch immer nichts?

Hase Was soll ich denn merken?

Igel Ich bin schon da!

Igelfrau ☞ *inzwischen herangekommen*
Ich bin schon da!

Hase Oh, jetzt geht mir ein Licht auf!

Igel Na endlich!

Hase Bin ich ein Döskopp! Das hast du ja wirklich schlau angefangen.

Igelfrau Am besten, du gehst erst mal mit in unser Haus und stärkst dich. Komm, ich lade dich ein!

Hase Du meinst, ich darf mitkommen, obwohl ich …

Igel Ist längst vergessen. Also komm schon!

☞ *Die drei gehen zum Igelhaus.*

1. Specher Da gehen sie. Von nun an sind sie gute Freunde.
Und wer das nicht glaubt, der braucht nur abends
hinter ...
☞ *nennt Schulort oder anderen bekannten Ort*
am Waldrand spazieren zu gehen.
Da kann er sie beide beobachten.

Chor ☞ *(Melodie: Der Kuckuck und der Esel)*
Der Hase und der Igel,
die haben nie mehr Streit.
Sie bleiben gute Freunde,
sie bleiben gute Freunde,
und das für alle Zeit,
und das für alle Zeit.

Der Hase und der Igel

Am besten draußen zu spielen

Hinweise zum Spiel

Das Igelhaus ist schnell aus einem großen Verpackungskarton hergestellt, den man farbig anmalt. Es muss eine Türöffnung haben, die man mit einem Messer ausschneiden kann. Wer eine naturgemäße Igelwohnung bevorzugt, hängt Zweige über den Karton oder über ein Zelt. Das Feld und die Wettlaufstrecke können durch Zweige markiert werden.

Der Hase wird von einem größeren Kind gespielt. Die langen Ohren klebt man an einen Pappstreifen, der ähnlich wie ein Stirnband um den Kopf getragen und zusätzlich durch ein Gummiband gesichert wird ***(Abb. 1)***. Eine elegante Kleidung mit brauner Jacke und Fliege dürfte wirkungsvoller sein als eine mehr naturhafte Kostümierung ***(Abb. 3)***.

Igel und Igelfrau werden von zwei kleineren Kindern gespielt. Sie tragen ebenfalls braune Kleidung: Pullover über Hose oder Strumpfhose und eine Strickmütze mit eingehäkelten Wollfäden als Stacheln ***(Abb. 2)***. Mit einigem Geschick lässt sich eine Igelnase aus Pappmaschee basteln.

Alternative zu Strickmütze und Nase ist eine heruntergezogene Schlägermütze.

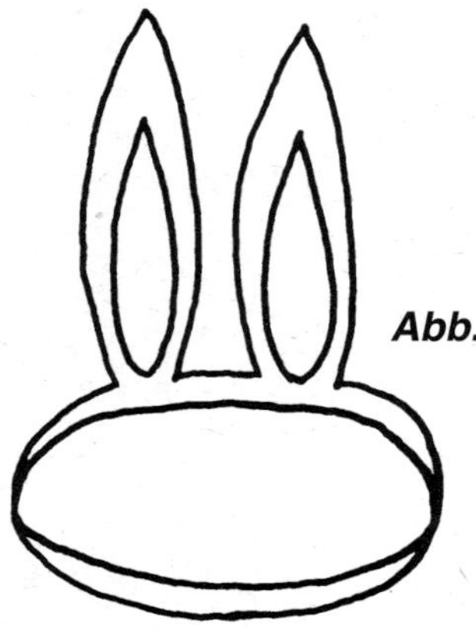

Abb. 1

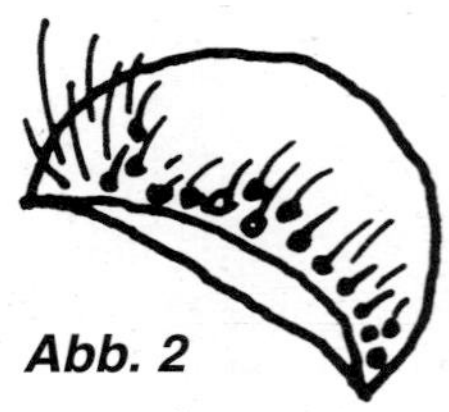

Abb. 2

Abb. 3

Die Bremer Stadtmusikanten

Dankbare Aufgabe für Tüftler

Die Bremer Stadtmusikanten

Dankbare Aufgabe für Tüftler

Über dieses Spiel

Ein Schattenspiel mit handgeführten Figuren für Kinder vom 3. Schuljahr an.

Die Idee, das Märchen von den sympathischen Stadtmusikanten zu spielen, ist nicht außergewöhnlich. Sie lässt sich spontan im Klassenzimmer realisieren und macht Laune.

Dabei zeigt sich aber auch, dass eine bühnenreife Aufführung als Personentheater jenseits unserer Möglichkeiten liegt. Schon die Beschaffung einer überzeugenden Kostümierung wäre ein unlösbares Problem.

So reift der Entschluss zu einem Schattenspiel mit handgeführten Figuren aus Pappe. Auch dabei sind Schwierigkeiten zu überwinden. Die Herstellung der Figuren verlangt Geschick, gelingt aber letztlich besser, als man erwartet hat.

Bewegen sich die Figuren erst einmal hinter der Leinwand, bleibt die Motivation bis zum Ende des Vorhabens erhalten.

Anlass

Schulfest, Projekttage, Elternnachmittag, allgemeine Theateraufführung für Kinder

Spielort

Jeder verdunkelbare Raum

Musik

Die Liedtexte singt man nach den beigefügten Noten oder erfindet eigene Melodien

Dauer

ca. 25 Minuten

Mitwirkende

als reale Personen neben der Bühne:

- Spielleiter/in,
- Chor;

als Schattenfiguren:

- Esel,
- Müllerin und Müller,
- Hund,
- Förster,
- Katze,
- Frau,
- Hahn,
- Herrin,
- Köchin,
- Räuberhauptmann,
- 1. Räuber,
- 2. Räuber,
- 3. Räuber

Prolog

Spielleiter ☞ *vorn neben der Bühne*

Ich grüße euch, ihr lieben Leute,
zu unserm Spiel. Es fängt gleich an.
Das Spiel, das manchen schon erfreute,
ob alt ob jung, ob Frau ob Mann.

In Bremen heißt's, sind sie zu Hause,
Stadtmusikanten soll'n sie sein.
Ihre Geschichte, ohne Pause,
zeigen wir nun im Lampenschein.

☞ *Licht an!*

Das Schattenspiel, es kann beginnen;
und sollte euch in diesem Haus
die Zeit recht angenehm verrinnen,
so spart am Schluss nicht mit Applaus!

☞ *Während er die letzte Zeile spricht, hört man schon den Esel schreien.*

1. Bild *Freie Fläche ohne Kulissen*

Esel I-ah! I-ah! I-ah!

Spielleiter Nanu, was ist denn da los? Kann ich nicht mal in Ruhe meine Begrüßung zu Ende bringen?

Esel ☞ *von rechts*
I-ah! Wie soll ich ruhig sein, wo es mir doch so schlecht geht! Ich muss meine Not hinausschreien!

Spielleiter Wie soll ich das verstehen?

Esel Viele Jahre habe ich für meinen Herrn die Säcke geschleppt. Nun aber, da ich alt geworden bin, will er mich nicht mehr haben.

Spielleiter Wie kommst du denn darauf?

Esel Gestern habe ich gehört, wie er mit seiner Frau darüber gesprochen hat.

Spielleiter Was hat er gesagt?

Esel Der Esel taugt nicht mehr zur Arbeit, hat er gesagt. Wir müssen ihn aus dem Futter schaffen! Verstehst du nun, warum ich so verzweifelt bin?

Spielleiter Hm, das kann ich verstehen.

Esel Zunächst bin ich mal abgehauen. Aber jetzt ist guter Rat teuer. Wer will schon einen alten Esel haben!

Spielleiter Vielleicht kann ich dir helfen.

Esel Tatsächlich?

Spielleiter Ich habe gehört, dass sie in Bremen Stadtmusikanten suchen. Du meldest dich dort und sagst, du könntest die Laute spielen.

Esel Denkst du wirklich ...?

Spielleiter Ich bin davon überzeugt! Du wirst dein Glück machen!

Esel Und wie komme ich nach Bremen?

Spielleiter Geh nur immer der Nase nach!

Esel Wie weit ist es bis dorthin?

Spielleiter Das kommt darauf an. Aber du solltest dich beeilen! Da drüben kommen der Müller und die Müllerin.

Esel Da will ich mich schnell davonmachen! Und vielen Dank für den guten Rat!
I-ah! I-ah! I-ah!

☞ *links ab*

☞ *Müllerin und Müller von rechts (Abb. 1, S. 36).*

Müllerin Mir war doch, als hätte ich ihn gerade noch schreien hören.

Müller Ganz deutlich hab ich's gehört!

Müllerin Ein undankbares Vieh! Einfach davonzulaufen! Dabei hatte er es so gut bei uns!

Müller So gut bei uns! Ja, ja!

Müllerin Weg ist er! Ärgerlich, wo uns der Viehhändler heute Morgen doch noch ein paar Mark für ihn geboten hat!

Müller Ja, ärgerlich. Jetzt hätten wir ein paar Mark rausschlagen können.

Müllerin Du hättest ihm früher sagen sollen, dass wir den Esel loswerden wollen! Jetzt haben wir gar nichts.

Müller Früher sagen. Ja, jetzt haben wir gar nichts!
☞ *Links ab. Licht aus!*

Chor ☞ *(Melodie S. 37)*
Der Müller und die Müllerin,
die schleichen sich nach Haus;
der Esel aber, froh im Sinn,
zieht in die Welt hinaus,
und spielt die altvertraute
Musik auf seiner Laute:
I-ah, i-ah, i-oh,
es ist nun einmal so!
I-ah, i-ah, i-oh!

2. Bild *In der Mitte hebt sich über den unteren Bildrand ein Steg oder ein kleiner Hügel hervor, auf dem man Kopf und Rücken des Hundes erkennt. Ganz rechts kann ein Ortsschild (mit dem Namen des Aufführungsortes) angebracht sein (Abb. 2, S. 36).*

Spielleiter Als der Esel schon eine weite Strecke hinter sich gebracht hat, kommt er in ein Dorf.
☞ *Licht an! Esel von rechts*
Und wie er so über die Landstraße trabt, hört er jemanden fürchterlich jaulen.

Hund Wauwauuu! Wauwauuu! Wauwauuu!

Esel Nanu, wer jault denn da so?

Hund Wauwauuu! Wauwauuu! Wauwauuu!

Esel Ach, du bist es, Packan! Warum japst du so jämmerlich?

Hund ☞ *erhebt sich*
Soll ich mich etwa freuen? Weil ich alt geworden bin und auf der Jagd nicht mehr schnell genug vorankomme, hat mich mein Herr totschießen wollen! Da bin ich weggelaufen. Aber wo soll ich nun bleiben?

Esel Da kann ich dir helfen. Ich gehe nämlich nach Bremen und werde Stadtmusikant. Komm mit, wenn du Lust hast. Ich spiele die Laute und du schlägst die Pauke. Das gibt eine vortreffliche Musik. Los! Auf!

Hund Kein schlechter Vorschlag! Heißt es nicht: Musik macht jung? Wauu, wauu! Auf nach Bremen! Ich bin dabei.

☞ *hinter dem Esel nach links ab*

Beide mit Chor

☞ *(Melodie S. 37)*

I-ah, wauwau, i-ah, wauwau,
jetzt wandern wir nach Bremen.
Und wenn noch einer mit uns will,
den woll'n wir auch mitnehmen.
I-ah, wauwau, i-ah, wauwau, i-ah!

☞ *links ab*

Förster ☞ *von rechts, mal rufend, mal zu sich selbst*

Packan! Packan! Wo mag er bloß stecken? Nun komm doch, mein Hündchen! Als ob er gemerkt hätte, dass er die Kugel haben soll! Weg ist er! Man sagt ja, Tiere haben einen Sinn für so was. War ein guter Hund! Hätte das Gnadenbrot eigentlich verdient! Packan! Packan!

☞ *Rufend links ab. Licht aus!*

Spielleiter Der wird seinen Hund wohl nicht mehr wieder sehen. Die Kugel hat er dann ja gespart. Zum Glück für den alten Packan! Wo mögen die beiden Tiere jetzt wohl sein? Sie haben das nächste Dorf erreicht. Aber bis Bremen ist es noch weit.

☞ *Licht an!*

3. Bild

Links eine Mauer, auf der die Katze steht (Abb. 3, S. 36)

Katze Miauuu! Miauuu! Miauuu!

Esel ☞ *von rechts ins Bild kommend*

He, Packan, hörst du was?

Hund ☞ *ebenfalls von rechts ins Bild kommend*

So schlecht sind meine Ohren noch nicht!
Ein regelrechtes Katzengejammer!

Katze Miauuu! Miauuu!

Esel Wo denn nur? Ach, da oben auf der Mauer! Was ist dir in die Quere gekommen, alter Bartputzer?

Katze ☞ *klagend*

Ach, die Menschen sind so undankbar! So undankbar!

Esel Da sagst du nichts Neues.

Katze Weil ich nun alt geworden bin und meine Zähne stumpf und ich lieber hinter dem Ofen sitze als nach Mäusen jage, hat mich meine Herrin ersäufen wollen.

Esel Schrecklich!

Hund Fürchterlich!

Katze Nicht wahr? Nun steh' ich hier und jammere mein Leid in die Welt hinaus.

Esel Weißt du was: Geh mit uns nach Bremen und werde Stadtmusikant! Du verstehst dich doch auf die Nachtmusik. Wir drei werden ein Trio sein, das sich hören lassen kann.

Katze Dein Vorschlag hat etwas für sich. Warum soll ich hier auf den Tod warten? Ich geh mit euch nach Bremen.

☞ *springt von der Mauer*

Esel Probieren wir doch gleich, wie unsere Musik klingt!

Alle mit Chor

☞ *(Melodie S. 37)*

I-ah, wauwau, i-ah, wauwau,
dazu die Katze mit miau!
Wauwau, i-ah, miau, i-ah:
drei Musikanten sind wir ja!
Wauwau, i-ah, miau!
Wauwau, i-ah, miau!

☞ *hintereinander links ab*

Frau ☞ *von rechts*

Als ich zu ihr gesagt hab': „Du bist zu alt. Am besten ist, ich ersäuf' dich", da hat sie mich angeguckt, als ob sie mich verstanden hätte. Und auf einmal ist sie weg, spurlos verschwunden. Ich hab's doch gar nicht so gemeint. Kann doch keiner Fliege ein Leid antun, viel weniger meiner alten Pussikatze! Aber wenn sie weg ist: auch gut. Dann kriege ich eben eine neue. Katzen gibt's schließlich genug!

☞ *Links ab. Licht aus!*

Spielleiter Ja, ja, Katzen gibt's genug. Aber jedes Tier wird einmal alt und wer sich eins anschafft, sollte sich das vorher klarmachen! Doch nun zu unseren Ausreißern! Aller guten Dinge sind drei, sagt man. Aber manchmal sind es auch vier.

☞ *Licht an!*

4. Bild

In der Mitte ein Tor, darauf der Hahn (Abb. 4, S. 36).

Hahn Kikerikiii! Kikerikiii! Kikerikiii!

☞ *Esel, Hund und Katze von rechts.*

Esel Du schreist einem durch Mark und Bein. Was hast du vor?

Hahn Da hab ich gut Wetter prophezeit, aber Undank ist der Welt Lohn! Weil für Sonntag Gäste angesagt sind, hat die Hausfrau der Köchin gesagt, sie soll mich schlachten und in der Suppe kochen. Nun schrei ich aus vollem Hals, so lang ich noch kann. Kikerikiii!

Esel Weißt du was, Rotkopf, zieh mit uns fort! Wir gehen nach Bremen! Etwas Besseres als den Tod findest du überall. Du hast eine gute Stimme und wenn wir vier zusammen musizieren, muss es eine Wucht sein.

Hahn Wenn ich mir's recht überlege, ist dein Vorschlag nicht übel. Nach Bremen wollte ich immer schon mal. Ich gehe mit.

Hund Dann komm herunter! Auf geht's nach Bremen!

☞ *Esel, Hund und Katze nach links, Hahn schließt sich an.*

Alle mit Chor

☞ *(Melodie S. 37/38)*

Wau, wau, i-ah, miau, i-ah,
und nun noch kikrikiiie!
Heut sind wir hier und morgen da,
ein jeder ein Genie!
Wir können ganz piano sein,
doch auch fortissimo;
Kikerikie, so hört man's schrein.
I-ah, wau, wau, mioh!
I-ah, wau, wau, mioh!

☞ *links ab*

Herrin ☞ *von links*
Hättest du ihn nur sofort gefangen!

Köchin ☞ *von links, hinter der Herrin*
Eben hat er doch noch gekräht! Ganz laut!
Da oben auf dem Tor!

Herrin ☞ *geht bis hinter das Tor und dreht sich dort um, sodass sie nun der Köchin gegenübersteht*
Dann kann er nicht weit sein! Sieh zu, dass du ihn findest und einfängst!

Köchin So einfach ist das nicht, einen Hahn zu fangen!

Herrin Gib keine Widerworte! Du hast ihn entkommen lassen; nun schaff ihn auch wieder herbei!

Köchin Wie soll ich einen Hahn herbeischaffen, der nicht mehr da ist.
☞ *links ab*

Herrin Immer dieser Ärger mit dem Personal! Wer soll das aushalten!
☞ *Rechts ab. Licht aus!*

Spielleiter Ich befürchte, das gibt noch mehr Ärger für die Köchin. Den Hahn kümmert das nicht.
Er ist mit seinen neuen Freunden schon weit vorangekommen. Allerdings, Bremen werden sie an diesem Tag nicht erreichen, das könnt ihr euch vorstellen. Als sie also im Wald übernachten wollen, entdecken sie in der Ferne ein Licht. Sie gehen darauf zu und dann stehen sie vor einem alten Haus. Da könnt ihr sie jetzt sehen.
☞ *Licht an!*

5. Bild

In der rechten Hälfte ein altes Haus, in dem man die Räuber an einem gedeckten Tisch sitzen sieht. Links und rechts des Hauses – angedeutet – Bäume oder Sträucher.

Räuberhauptmann
☞ *steht auf.*
Dass mir noch keiner zu essen anfängt! Erst wollen wir unser Räuberlied singen, wie es sich gehört. Wir sind schließlich anständige Räuber.
Also: drei, vier!
☞ *dirigiert*

Räuber mit Chor

☞ *(Melodie S. 38)*

Wir sind die schlimme Räuberbande,
gefürchtet überall im Lande;
Wir nehmen andern, schnipp und schnapp,
das, was sie haben, einfach ab.
Ob Geld, ob Schmuck, ob Fleisch und Wurst,
auch Schnaps und Bier für unsern Durst!

Wir sind die schlimme Räuberbande
und fürchten niemand hier im Lande.
Im Wald steht unser Räuberhaus,
da kriegt uns keiner mehr heraus.
Und schaut uns einer über'n Zaun,
der wird ganz fürchterlich verhau'n.

☞ *Katze und Hund kommen von links, dahinter Esel und Hahn.*

Katze Uh, war das ein Schauergesang! Mir läuft es kalt den Rücken hinunter.

Hund Nun sei kein Angsthase! Sieh mal nach, wer da drin ist! Spring einfach auf die Fensterbank!

Katze Ich trau mich nicht. Geh du!

Hund Ich? Wie soll ich denn da hochkommen?

Esel Lasst mich mal vorbei!

☞ *geht vorbei und schaut in das Fenster*

Katze Du, Packan, ist der mutig! Was mag er wohl sehen?

Hund Mir ist auf einmal ganz mulmig.

Esel ☞ *mit gedämpfter Stimme*

Kommt mal etwas näher! Das Haus wäre genau das Richtige für uns. Schön warm muss es drinnen sein! Und zu essen und trinken im Überfluss!

Hahn Auch Körner und Salat?

Esel Vom Feinsten.

Hund Auch Blutwurst?

Esel Fleischwurst und Schinken dazu.

Katze Auch ein paar Mäuschen?

Esel Zwei sprangen gerade auf dem Tisch umher.

Hahn So lass uns hineingehen!

Esel Nicht so schnell! Es sitzen nämlich Räuber darin.
☞ *Hahn, Hund und Katze stieben auseinander.*

Hahn Uh! Räuber? Richtige Räuber?

Katze Da hätt´ ich mich besser ersäufen lassen!

Hund Nichts wie weg von hier!

Esel Immer mit der Ruhe! Ein so schönes Haus! Wir müssen uns nur etwas einfallen lassen!

Hund Etwas einfallen lassen? Was denn?

Esel Wie wir sie hinausbekommen. Denkt doch mal nach!

Katze Mir fällt nichts ein.

Hund Mir auch nicht!

Hahn Mir erst recht nicht!

Hund ☞ *zum Esel*
Du musst nachdenken. Du hast den größten Kopf.

Esel Ich hab da eine Idee.

Hund Habt ihr gehört? Er hat eine Idee!

Esel Also passt auf: Du, Packan, springst jetzt auf meinen Rücken.
☞ *Hund auf den Rücken des Esels (Abb. 5, S. 36)*
Und du, Bartputzer, machst einen Satz ...

Katze Und stell mich auf den Packan drauf.
☞ *Katze auf den Rücken des Hundes (Abb. 5, S. 36)*

Hahn Und ich flieg ganz oben auf die Miezekatze.
☞ *Hahn auf die Katze (Abb. 5, S. 36)*

Esel Das habt ihr gut gemacht. Das Wichtigste kommt noch: Auf mein Kommando fangen wir an, Musik zu machen. Aber nur ja recht laut. Die Räuber sollen einen gewaltigen Schrecken bekommen. Also aufgepasst: Achtung, fertig, los!

Tiere und Chor
☞ *schreien durcheinander, von Instrumenten unterstützt*
I-ah, wauwau, miau, kikeriki! I-ah, wauwau, miau, kikeriki!

Räuberhauptmann
☞ *aufspringend*
Was ist das?

1. Räuber Hilfe! Da! Da!

2. Räuber Ein Gespenst!

3. Räuber Ein Ungeheuer!

Räuberhauptmann Los! Weg von hier! Rette sich, wer kann!

☞ *Die Räuber flüchten nach rechts in den Wald.*
Die Tiere stürzen mit Klirren und Krachen durch das Fenster ins Haus und gruppieren sich um den Tisch.

Esel So Freunde, nun lasst es euch gutgehen! Den Weg nach Bremen können wir uns sparen. Besser als hier kann es nirgends sein. Also bleiben wir. Einverstanden?

Hund Wauwau!

Katze Miau!

Hahn Kikeriki!

Hund, Katze und Hahn
Und du, Esel, bist du auch einverstanden?

Esel I-jah, i-jah, i-jah!

Spielleiter Ja, ja, da wisst ihr, wie die Geschichte ausgeht. Die Stadtmusikanten, die nun eigentlich „Waldmusikanten" heißen müssten, sie bleiben in dem Haus und lassen sich nicht mehr daraus vertreiben. Vielleicht besucht ihr sie mal! Nette Menschen wie euch werden sie bestimmt freundlich empfangen.

Alle mit Chor
☞ *(Melodie S. 38)*

Wir sind die wohlbekannten
Bremer Stadtmusikanten.
Unsre Musik fürwahr,
sie klingt so wunderbar:
wauwau, miau, mio,
so lieblich und so froh;
und kikriki, i-ah;
so herrlich klingt sie ja.
Wir sind die wohlbekannten
Bremer Stadtmusikanten;
bei euch war es sehr schön,
habt Dank, auf Wiedersehn!

☞ *Licht aus! Raumbeleuchtung einschalten!*
Alle Spieler kommen nach vorn und verbeugen sich.

Hinweise zum Spiel

a) Die Figuren

Die Figuren werden aus Pappe geschnitten und mit einem Bein (oder Beinpaar) auf eine Führungsleiste geklebt, die man im Schattenbild nicht sieht. Diese Leiste muss bei Hund, Katze und Hahn jeweils ein Stück länger sein, damit die Tiere aufeinander stehen können *(Abb. 5, S. 36)*. Da es schwierig ist, die Leisten so anzubringen, dass sie in dieser Szene nicht gesehen werden, rückt man die Tiere entweder vom Rand her nur halb ins Bild oder bringt neben dem Haus einen Baum an, dessen Stamm sie teilweise verdeckt.

Bewegliche Körperteile sind effektvoll, aber nicht leicht zu konstruieren. Deshalb ist Beschränkung angeraten. Durch Hebel, ähnlich wie beim Hampelmann, erreichen wir, dass Esel und Hahn den Kopf heben können. Der Hund bekommt einen beweglichen Unterkiefer, die Katze hebt den Schwanz. Bei den menschlichen Figuren reicht ein beweglicher Arm. Der Zug des Hebels erfolgt durch einen stabileren, aber doch biegsamen Draht, der hinter der Leiste verläuft und durch aufgeklebte Laschen beweglich in der Vertikalen gehalten wird *(s. nebenstehende Abb.)*.

b) Die Schattenspielbühne

Am einfachsten ist es, eine Puppenspielbühne mit einer Leinwand zu versehen. Ansonsten kann man aus Dachlatten eine Schattenspielbühne bauen.

Die Spielfläche sollte mindestens 150 cm breit, 100 cm hoch sein und besteht aus einem mit Heftzwecken angehefteten weißen Tuch. Die Kulissen werden ebenfalls mit Heftzwecken an die Randleisten geheftet.

Als Lichtwerfer dient ein Tageslichtprojektor oder ein Halogenstrahler. Er wird so ausgerichtet und abgedeckt, dass er die Spielfläche in der gewünschten Größe beleuchtet. Bei der Vorführung sollte ein Ersatzgerät bereitstehen.

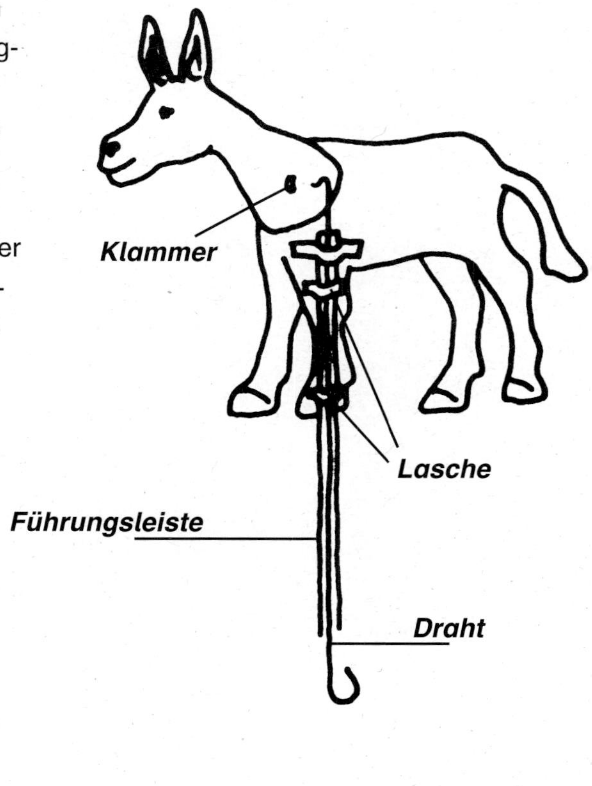

Die Bremer Stadtmusikanten

Dankbare Aufgabe für Tüftler

Abb. 1

Abb. 2

Abb. 3

Abb. 4

Abb. 5

Der Müller und die Müllerin ...
Marschtempo
– 3x –
I-ah, wauwau ... jetzt wandern wir
statt punkt. Noten auch 1/4
I-ah, wauwau --- dazu die Katze ...
Wau, wau, i-ah ... und nun noch kikrikie ...

Die Bremer Stadtmusikanten

Dankbare Aufgabe für Tüftler

Wir sind die schlimme Räuberbande

Wir sind die wohlbekannten ...

Glück und sonst noch was

Ein Spiel für die Abschlussfeier

Glück und sonst noch was

Ein Spiel für die Abschlussfeier

Über dieses Spiel

Spiel für Kinder vom 3. Schuljahr an

In einem spanischen Märchen streiten Frau Glück und Herr Geld, wer von ihnen wichtiger sei.

Aus diesem Stoff erwächst das Spiel für unsere Entlassungsfeier. Auf Glück und Geld sollen unsere Wünsche an die Viertklässler nicht beschränkt bleiben. Also erhöhen wir die Zahl der Mitwirkenden und lassen sie – zeitgemäß – in einer Fernsehdiskussion auftreten. Unsere Auswahl wird von dem Aspekt bestimmt, welche Wünsche oder „Gaben" sich kindgemäß in ein szenisches Spiel einbringen lassen.

Die Aufführung ist überall dort möglich, wo man drei Schülertische und sechs Stühle aufstellen kann. Weitere Kulissen sind nicht erforderlich. Allerdings muss ein kleiner Trick vorbereitet werden.

Anlass

Abschlussfeier in der Grundschule

Spielort

Klassenzimmer oder ein größerer Raum. Eine Bühne ist vorteilhaft, aber nicht unbedingt notwendig.

Musik

Eröffnungs- und Schlussmelodie nach Wahl. Ein Gong genügt auch.

Dauer

15 Minuten

Mitwirkende

- Moderatorin,
- Frau Hoffnung (schenkt einen grünen Zweig),
- Herr Fleiß (schenkt eine Brille),
- Frau Klugheit (schenkt einen Doktorhut),
- Herr Zaster (schenkt einen Tausendmarkschein),
- Frau Glück (schenkt einen Luftballon),
- Franz Irgendwer (nimmt die Geschenke entgegen),
- Kameramann

Bühnenbild

In der hinteren Hälfte der Bühne stehen drei Schülertische nebeneinander, dahinter sechs Stühle. Auf den Tischen liegen (verdeckt) Namensschilder. Vor der Bühne, die Sicht nicht versperrend, ein „Kameramann" mit „Filmkamera". Spielt man ohne erhöhte Bühne, verzichtet man auf Stühle und Namensschilder. Die Spieler setzen sich in diesem Fall, damit sie besser gesehen werden, auf die Tische.

Moderatorin
☞ *von links, zum Publikum*
Guten Tag, meine sehr verehrten Damen und Herren! Herzlich willkommen im Studio B zu unserer Fernsehsendung „Was wünschen wir?“ Dazu haben wir Gäste eingeladen, die ich Ihnen jetzt vorstellen möchte. Wir begrüßen zunächst ... Frau Hoffnung!

Hoffnung ☞ *mit grünem Zweig, lächelnd von rechts, setzt sich auf den ersten Stuhl links, stellt ihr Namensschild auf*

Moderatorin Und nun ... Herr Fleiß bitte!

Fleiß ☞ *eine Brille in der Brusttasche oder am Revers, schwungvoll von rechts, setzt sich neben Frau Hoffnung, stellt sein Namensschild auf*

Moderatorin Sodann bitten wir ... Frau Klugheit herein!

Klugheit ☞ *von rechts, dem Publikum zunickend, selbstbewusst, setzt sich neben Herrn Fleiß, stellt ihr Namensschild auf, legt den mitgebrachten Doktorhut dahinter*

Moderatorin Unser vierter Gast ist ... Herr Zaster.

Zaster ☞ *von rechts, großspurig, setzt sich neben Frau Klugheit, stellt sein Namensschild auf*

Moderatorin Zu guter Letzt begrüßen wir Frau ... Glück! Bitte sehr!

Glück ☞ *fröhlich von rechts, mit Luftballon, setzt sich neben Herrn Zaster, stellt ihr Namensschild auf*

Moderatorin
☞ *setzt sich auf den verbleibenden freien Stuhl*
Und nun, meine Damen und Herren, sagen Sie uns doch, warum Sie annehmen, dass gerade Sie für den Menschen besonders wichtig sind!
Frau Hoffnung, bitte sehr!

Hoffnung ☞ *freundlich*
Ein Dichter hat einmal geschrieben: „Wenn die Hoffnung nicht wär, so lebt ich nicht mehr.“
So ist es: Ohne Hoffnung können wir nicht leben.

Fleiß ☞ *lächelnd, selbstbewusst*
Hoffnung allein genügt nicht. Ohne Fleiß kein Preis! Nur der Fleißige bringt es im Leben zu etwas. Außerdem bleibt er gesund. Weil er sich bewegt. Man kann jedem nur wünschen, dass er fleißig ist.

Moderatorin Bitte Sie, Frau Klugheit!

Klugheit Wer klug ist, macht im Leben alles richtig. Was der Mensch vor allem braucht, ist deshalb Klugheit.

Zaster Das hört sich gut an. Das Beste aber, was man einem Menschen mitgeben kann, ist eine Tasche voller Geld! Hier!

☞ *knallt seine Brieftasche auf den Tisch*

Wenn einer Geld hat, kann er alles kaufen. Sogar die besten Ärzte! Geld regiert die Welt!

Moderatorin Hören wir noch Frau Glück!

Glück Nach dem Glück streben alle Menschen. Sie wollen Glück haben und sie wollen glücklich sein. Bei allen Festen und Feiern wünschen sie sich Glück. Es ist eben das Höchste. Wer Glück hat, ist glücklich. Er hat alles, was er braucht.

Moderatorin Vielen Dank! Wir kommen zum zweiten Teil unserer Sendung, einem Spiel. Dazu haben wir unter vielen Kandidaten einen ausgelost. Hier ist ...

Franz ☞ *von links, mit Verbeugung zum Publikum*

Franz Irgendwer, zehn Jahre alt, meistens ziemlich gut gelaunt.

Moderatorin

☞ *begrüßt ihn mit Handschlag*

Meistens, also nicht immer?

Franz Na ja, es kommt darauf an.

Moderatorin Worauf kommt es an?

Franz Na, was so abläuft. Heute zum Beispiel, da bin ich nicht gut gelaunt.

Moderatorin Und warum nicht?

Franz Weil wir heute Mathe hatten. In Mathe bin ich nämlich echt 'ne Niete. Hab wieder nichts kapiert. Ich weiß nicht, was ich da noch machen soll! Es ist zum Verzweifeln!

Moderatorin Das ist eine gute Gelegenheit, unsere Studiogäste einzuschalten. Frau Hoffnung, bitte schön!

☞ *setzt sich*

Hoffnung ☞ *tritt auf Franz zu*

Nur Mut, junger Freund. Ich schenke dir Hoffnung.

☞ *steckt ihm den grünen Zweig an*

Franz Hoffnung? Ja, das ist gut. Die hab ich nämlich schon fast aufgegeben. Und meine Lehrer auch!

Hoffnung Man darf nie aufgeben! Hab nur Vertrauen! Es wird alles gut.
☞ *klopft ihm auf die Schulter und verabschiedet sich mit Handschlag*

Franz Toll, sie hat mir Mut gemacht!
Wie mir jetzt die Zukunft lacht!
Alle Welt steht offen:
Hoffen, hoffen, hoffen!
Mut und Gottvertrauen,
darauf kann man bauen.
Nimmt doch alles seinen Lauf.
Nichts regt mich von nun an auf.
Hoffnung ist die beste Gabe:
Gut, dass ich sie habe!

Fleiß ☞ *tritt ihm in den Weg*
Hoffen allein bringt dich nicht weiter.

Franz Wieso nicht?

Fleiß Na, du kannst hoffen, so viel du willst: Mathematik lernst du davon nicht.

Franz Nicht?

Fleiß Wie denn?

Franz Ja, wie denn?

Fleiß Du musst etwas dafür tun!

Franz Aber ich hoffe doch!

Fleiß Du musst fleißig sein!

Franz Bin ich aber nicht!

Fleiß Doch. Von jetzt an. Du brauchst nur diese Brille aufzusetzen. Bitte!
☞ *gibt ihm die Brille*
Und auf Wiedersehen!
☞ *geht an seinen Platz*

Franz Hab ja keinen Bock auf Fleiß. Aber die will ich doch mal ausprobieren.
☞ *setzt die Brille auf*
Au Backe! Das geht ja richtig unter die Haut! Bin ganz unruhig! Ich muss was tun, ich muss was tun! Her mit dem Ranzen! Wo ist mein Mathebuch? Raus damit!
☞ *kramt das Buch aus dem Ranzen, schlägt es auf und blättert eifrig*

Gelernt und gebüffelt!
Werd nie mehr gerüffelt!
Nur schnelle, nur schnelle!
Gleich hier auf der Stelle!
Schriftlich dividieren!
Kapieren, Kapieren!
Mit Hoffnung und Fleiß,
mit Freude und Schweiß,
mit Mut und mit Singen
wird alles gelingen!

☞ *hält inne, zieht ein verdrießliches Gesicht, fasst sich an den Kopf und ruft enttäuscht:*

Aber das schriftliche Dividieren kapier' ich trotzdem nicht!

Klugheit ☞ *geht lächelnd auf ihn zu*

Kannst du auch nicht!

Franz Wieso denn nicht?

Klugheit Weil es dir an Klugheit fehlt. Da hilft aller Fleiß nichts! Klug muss man sein! Hier, setz den Doktorhut auf! Du wirst sehen: Von nun an läuft alles wie geschmiert!

☞ *setzt ihm den Hut auf, geht an ihren Platz*

Franz ☞ *verblüfft*

Uii! Da tut sich was in meinem Kopf!

Das zippelt und zappelt!
Das kribbelt und krabbelt
gleich hinter der Stirn

☞ *fasst sich an die Stirn*

in meinem Gehirn.
Da wird neu justiert
und umfunktioniert.
Erkenne Figuren
und neue Strukturen!
Und die Division,
die kann ich auch schon!

☞ *lacht begeistert*

Das ist ja ein Ding! Auf einmal sehe ich alles klar, habe voll den Durchblick. So ist das eben: Man hat's, oder man hat's nicht. – Aber was fange ich jetzt mit meiner Klugheit an? Zunächst gehe ich weiter in die Schule. Logisch! Und danach?

Zaster ☞ *während er aufspringt und nach vorn kommt*
Danach brauchst du Geld! Dann kannst du sorgenfrei studieren. Oder Aktien kaufen. Oder um die Welt reisen. Mit Geld kriegst du alles, was du willst. Und es vermehrt sich von selbst.

Franz Tatsächlich?

Zaster Hier!
☞ *steckt ihm einen Tausendmarkschein zu*
Tausend Mark. Probier es aus! Du bist ja klug. Du wirst sie schon richtig anlegen!
☞ *geht selbstgefällig an seinen Platz zurück*

Franz ☞ *hält den Schein in den Händen, betrachtet ihn und steckt ihn anschließend in die Hosentasche*
Den will ich erst mal gut verwahren.
☞ *tanzt und schreit:*
Geld in der Tasche,
ja, das ist die Masche!
Schotter, Moneten!
Euro, Peseten!
Dollar und Gold!
Der Rubel rollt!
Kein anderes Laster
als Kohle und Zaster!
Die Taschen voll Geld:
Ich kauf mir die Welt!

☞ *fasst in die Hosentasche und sucht den Geldschein*
Wo ist denn der Geldschein?
☞ *kramt nervös weiter*
Ich hab ihn doch gerade erst hineingesteckt! Vielleicht in die andere Tasche?
☞ *stülpt beide Hosentaschen heraus, in der einen ist ein Loch zu erkennen*
O nein! Ein Loch in der Tasche! Da muss er hindurchgerutscht sein. Ich will ihn suchen.
☞ *sucht*
Er muss doch hier irgendwo liegen. Er ist weg! Ich finde ihn nicht! So ein Pech!

Glück ☞ *ist aufgestanden, hat Franz beobachtet und spricht ihn nun an*
Wie gewonnen, so zerronnen! Ja, ja, Geld und Gut kann man leicht verlieren.

Franz Was willst du? Wer bist du?

Glück Ich bin das Glück.

Franz Das Glück? Ich denke, ich habe gerade Pech gehabt!

Glück Deshalb bin ich gekommen.

Franz Wenn du das Glück bist, dann hilf mir, meine tausend Mark zu finden!

Glück Hier, nimm diesen Luftballon!
☞ *gibt ihm den Luftballon*

Franz Was soll ich denn damit?

Glück Halte ihn fest! Mit beiden Händen! Er bringt dir Glück.
☞ *geht an ihren Platz*

Franz Das ist ja 'n Ding! Aber ich kann ihn doch nicht dauernd festhalten! Ein bisschen wird man wohl mit ihm spielen dürfen.
☞ *lässt den Ballon auf seinen Händen tanzen, wirft oder stößt ihn höher und fängt ihn wieder auf*

Komm, mein Glück und tanz
mit dem guten Franz!
Steige hoch und sinke nieder,
kehre immer zu mir wieder!

Da, schaut her: Er kommt stets zurück. Kann schon einiges vertragen, ist gar nicht so empfindlich! Was fange ich aber jetzt mit ihm an? Am besten, ich trage ihn erst mal nach Hause!
☞ *In diesem Augenblick platzt der Ballon. Der in ihm verborgene Geldschein fällt auf den Boden. Franz erschrickt.*

O weh, nun ist mein Glück dahin! Einfach zerplatzt! Schade!
☞ *erblickt den Geldschein*

Aber was ist das? Das ist ja mein Geldschein!
☞ *hebt ihn auf und zeigt ihn, spricht betont:*

Da seht ihr's: Glück muss man haben!

Hoffnung Und man darf nie die Hoffnung aufgeben!

Fleiß Fleiß braucht man auch!

Klugheit Und Klugheit!

Zaster Und immer das nötige Kleingeld, haha!

Moderatorin Das alles wünschen wir euch! Und, und ...
☞ *verzieht das Gesicht, weil sie niesen muss*

und ...hatschii!

Alle Gesundheit!

Moderatorin Ja, das wollte ich doch sagen!

Alle Glück und Gesundheit!

Hinweise zum Spiel

Wie lässt man den Geldschein verschwinden?

Franz hat eine doppelte Hosentasche. Zusätzlich zur normalen Tasche heftet man an einer Seite der Hosentasche eine Zweittasche fest. Den Schein von Herrn Zaster steckt Franz an der Zweittasche vorbei in die eigentliche. Beim Suchen zieht er aber die Zweittasche heraus, in der man deutlich ein Loch erkennt. Wenn man das Futter der Zweittasche nicht zu tief in die andere steckt, klappt der Trick nach einiger Übung bald überzeugend.

Wie gelangt der Tausendmarkschein in den Luftballon?

Man braucht zwei (selbst gemalte) Scheine. Der eine landet in Franz' Hosentasche, den anderen rollt man zusammen und steckt ihn vor dem Spiel in den Luftballon. Wenn man diesen nicht zu fest aufbläst, wird der Schein vom Publikum kaum wahrgenommen.

Den Ballon im richtigen Augenblick mit Hilfe der Fingernägel platzen zu lassen, ist erfahrungsgemäß kein Problem.

Die goldene Gans

Hier spielt die ganze Klasse mit

Die goldene Gans

Hier spielt die ganze Klasse mit

Über dieses Spiel

Spiel nach dem Märchen der Gebrüder Grimm für Kinder vom 3. Schuljahr an.

Sollen Kinder den Text für ein längeres Märchenspiel selbst verfassen, sind sie schnell überfordert. Misserfolge sind vorprogrammiert und am Ende bleibt die Arbeit doch bei der Lehrerin oder dem Lehrer hängen.

Motivierender für die Kinder dürfte es sein, gleich strukturierte Handlungsabläufe – wie es sie ja in vielen Märchen gibt – selbstständig umzusetzen oder weiterzuentwickeln.

Im vorliegenden Märchen eignet sich dazu die Reise des Dummlings mit der Gans. Die Personen, die ihm folgen, können auch durch andere ersetzt werden. So wählt zum Beispiel Bechstein in „Schwan kleb an" groteskere Typen, als es die Gebrüder Grimm tun.

Welch ein Spaß, wenn die Klassenlehrerin oder der Klassenlehrer oder eine andere Persönlichkeit (selbstverständlich nach vorheriger Absprache) aus den Zuschauerreihen ins Geschehen eingreift und dann festklebt.

Aber nicht übertreiben! Nicht zu viele, sondern eher unterschiedliche Typen für die Gefolgschaft des Dummlings auswählen!

Anlass
Schulfest, Projekttage, Elternnachmittag, Entlassungsfeier, Theateraufführung vor beliebigem Publikum

Spielort
Saal mit Bühne und Vorhang oder größerer Raum mit abgetrennter Spielfläche. Ist kein Vorhang vorhanden, werden die (wenigen) Kulissen von „Bühnenarbeitern" zwischen den einzelnen Auftritten auf- oder abgebaut. Die Stühle sollen so gestellt werden, dass (am besten an den Außenwänden) ein Gang für den Umzug des Dummlings mit seinem Gefolge frei bleibt.

Musik
Kann nach vorhandenen Möglichkeiten an den bezeichneten Stellen eingesetzt werden.

Dauer
ca. 40 Minuten

Mitwirkende
- als reale Personen neben der Bühne: Sprecher/in (graues Männlein);
- Bauer und Bäuerin;
- ihre Söhne Neunmalklug, Schlaumeier und Dummling;
- zwei Waldarbeiter;
- Wirt,
- seine Töchter Elvira, Mathilde, Mariechen;
- Pfarrer und Küster;
- zwei Bauern: Jost und Konrad;
- Herold;
- zwei oder mehrere Gardisten;
- Prinzessin;
- 1. Zofe und 2. Zofe;
- zwei Hofärzte;
- König und Königin;
- Mitglieder des Hofstaates (beliebig viele)

1. Auftritt (Musik)

Sprecher ☞ *links vor den Vorhang tretend*

Hallo! Ihr seid gekommen, das Märchenspiel von der Goldenen Gans zu sehen. Wir hoffen, dass ihr Freude daran habt, und werden sofort beginnen. Also: Es waren einmal ein Bauer und seine Frau, die wohnten mit ihren drei Söhnen am Rande des Waldes in einem kleinen Haus.

☞ *Vorhang auf! An schlichtem Tisch sitzen mit dem Gesicht zum Publikum der Bauer, seine Frau, zwischen ihnen der Dummling, am linken Kopfende Neunmalklug, am rechten Schlaumeier*

Ihr seht sie hier alle in der Wohnung. Sie haben gerade zu Abend gegessen. Der älteste Sohn war besonders klug.

Neunmalklug
☞ *zum Publikum*

Deshalb nennt man mich Neunmalklug.
Ich möchte einmal Minister werden – mindestens.

Sprecher Auch der zweite war ein heller Kopf.

Schlaumeier
☞ *zum Publikum*

Deshalb nennt man mich Schlaumeier. Ich möchte einmal Rechtsanwalt werden – mindestens.

Sprecher Mit dem Jüngsten sah es nicht so gut aus.

Dummling Mich nennen sie Dummling. Ich möchte Bauer werden wie mein Vater –
☞ *nach kurzer Pause ironisch:*
mindestens.

Bauer Stell dir das nicht so einfach vor!

Neunmalklug Ein Bauer muss gesund und kräftig sein. Aber er darf nicht nur hier was haben,
☞ *zeigt die Muskeln*
sondern auch hier!
☞ *tippt an die Stirn*

Schlaumeier Und unser lieber Dummling hat beides nicht!

Neunmalklug und Schlaumeier
Was soll aus ihm bloß werden?

Bäuerin Nun hört auf, Kinder! Es wird sich schon alles finden!

Bauer Zunächst haben wir andere Sorgen. Die Arbeit wächst uns über den Kopf. Im Wald muss unbedingt Holz geschlagen werden. Wie wär's, Neunmalklug, gehst du morgen und fängst schon mal an? Du bist der Älteste.

Neunmalklug Mach ich doch, Vater. Wenn Mutter mir einen Eierkuchen und ein Schinkenbrot mitgibt, will ich den ganzen Tag bleiben.

Bäuerin Sollst du haben! Und eine Flasche Dunkelbier dazu! Ich will schon mal alles bereitstellen.
☞ *links ab*

Bauer Und ich hole die Axt aus dem Schuppen.
☞ *rechts ab*

Neunmalklug
☞ *zu den Brüdern*
Ihr werdet staunen, was ich fertigbringe!

Schlaumeier Ich setz mich an meine Bücher.
☞ *links ab*

Dummling
☞ *zu Neunmalklug*
Nimmst du mich mit?

Neunmalklug Ne, ne, ich geh lieber allein.
☞ *rechts ab*

Dummling Schade!
☞ *links ab*

2. Auftritt

Sprecher Ja, er ging allein. Am nächsten Morgen. Aber er blieb nicht den ganzen Tag. Keine zwei Stunden waren vergangen, da kehrte er zurück. Schaut ihn euch an!

Neunmalklug Au, au! O weh! Mein Arm!
☞ *stöhnt und stolpert von rechts herein und hält sich den linken Arm, aus dem Rucksack schaut die Axt heraus*
Diese verwünschte Axt! Au, au! Owei, au, ach! Oh, mein Arm! Mein Arm!

Bäuerin ☞ *von links, erschrocken*
Meine Güte, Neunmalklug, was ist geschehen?

Neunmalklug Ach, diese verfluchte Axt! In den Arm ist sie mir gefahren! Au! Au! Sieh nur, wie das blutet!

Bäuerin Komm, setz dich erst mal!
☞ *führt ihn zu einem Stuhl, nimmt ihm den Rucksack ab*
So, nun beruhige dich! Zeig her!
☞ *untersucht den Arm*
Na, die Wunde ist zum Glück nicht sehr groß.

Neunmalklug Aber sie blutet!

Bäuerin Warte nur, ich lege dir einen Verband an!

☞ *Bauer von rechts und Schlaumeier von links kommen hinzu, während die Bäuerin einen Verband holt.*

Bauer Was ist denn hier los?

Bäuerin Siehst du doch, er hat sich verletzt!
☞ *legt den Verband an*

Schlaumeier Wie ist das denn passiert?

Neunmalklug Weiß ich auch nicht! Wahrscheinlich ist dieses graue Männlein daran schuld.

Bäuerin und Bauer Was für ein Männlein?

Neunmalklug Da saß so ein Männlein am Weg. Das bettelte. Wollte was von meinem Kuchen und dem Bier.

Schlaumeier Du hast ihm doch nichts gegeben?

Neunmalklug I wo! Es war doch für mich bestimmt!

Schlaumeier Recht so!

Neunmalklug Ja, es war recht so. Nur: Gleich beim ersten Schlag glitt die Axt aus und fuhr mir in den Arm.

Bauer Was machen wir nun?

Bäuerin Ich geh mit Neunmalklug zum Arzt.

Bauer Das ist richtig. Ja, da muss ich das Holz wohl selber schlagen.

Schlaumeier Lass mich doch gehen, Vater!

Bauer Ich denke, ein Verletzter ist genug!

Schlaumeier Verlass dich auf mich! In den Arm hauen werde ich mich bestimmt nicht.

Bauer Eine Hilfe wäre es schon. – Also, von mir aus kannst du gehen.

Bäuerin Versprichst du mir, gut aufzupassen?

Schlaumeier Ist doch klar!
zum Publikum:
Ha, morgen früh gehe ich in den Wald. Da werde ich zeigen, was ich für einer bin!

Vorhang zu! Musik!

3. Auftritt

Sprecher *vor dem Vorhang*
Am nächsten Morgen ging Schlaumeier los und auch er begegnete dem grauen Männlein. Aber das sollten wir euch mal vorspielen.
Passt auf: Ich binde mir einen Bart um, setze einen Hut auf und streife mir einen Kittel über.
handelt entsprechend
Das Gesicht mache ich mir mit Mehl ein bisschen weiß. Jetzt bin ich das Männlein.

Vorhang auf. Im Hintergrund angedeutet Bäume und Büsche. Sprecher setzt sich in der Mitte an einen Baum am Wegrand.

Schlaumeier
von links, mit Rucksack und Axt
Ist doch ein weiter Weg bis zu unserem Wald.

Hier kann eine Flurbezeichnung aus der Umgebung des Spielortes eingesetzt werden.

Na, wenn ich ein gemachter Mann bin, habe ich es sicher nicht nötig, selber Holz zu schlagen.

Sprecher Halt, junger Mann! Habt Erbarmen!

Schlaumeier Wer bist du?
zum Publikum:
Sicher das graue Männlein!
zum Sprecher:
Wie kommst du hierher?

Sprecher Ich bin hungrig und habe nichts zu essen. Gib mir von dem Kuchen in deiner Tasche! Und auch einen Schluck von dem Bier!

Schlaumeier Hat man Töne? Woher weißt du, was in meiner Tasche ist?

Sprecher Ich weiß es eben.

Schlaumeier Dann weißt du sicher auch, wie ich heiße.

Sprecher Man nennt dich Schlaumeier.

Schlaumeier Ganz genau: Schlaumeier. Weil ich meinen Verstand zu gebrauchen weiß. Und was sagt der mir? Was ich dir gebe, sagt er, kann ich selber nicht essen. Also lass mich in Ruhe! Außerdem hab ich es eilig.
☞ *rechts ab*

Sprecher Weg ist er.
☞ *steht auf, wendet sich zum Publikum*
Was meint ihr? Einen Bissen von dem Kuchen und einen Schluck von dem Bier hätte er doch abgeben können! Nein, er musste fort in seinen Wald.
☞ *nimmt Hut und Bart ab*
Kaum hatte er die Axt zum ersten Schlag erhoben, da glitt sie aus seinen Händen und fuhr ihm ins Bein. Zum Glück fanden ihn zwei Waldarbeiter und trugen ihn nach Hause.
☞ *Waldarbeiter mit verletztem Schlaumeier von rechts nach links.*
Die Aufregung für die armen Eltern könnt ihr euch vorstellen. – Am dritten Tag nun wollte der Dummling in den Wald und Holz hacken. „Was die beiden anderen nicht geschafft haben", sagten die Eltern, „schaffst du erst recht nicht!" Er hat sie aber doch überredet. Die Mutter gab ihm ein Stück trockenes Brot mit und ein Fläschchen Wasser. Sie dachte wohl, Hunger und Durst würden ihn bald wieder nach Hause treiben. Der Vater gab ihm eine Axt, die er zuvor stumpf gemacht hatte. Ihr könnt euch denken, warum! Seht, wie es dem Dummling erging!
☞ *verkleidet sich wieder und lässt sich wie vorhin am Wegrand nieder*

Dummling
☞ *langsam, mit Rucksack, von links nach rechts*
Hallo Buchfink! Hallo Drossel! Singt doch ein Lied mit mir! Halli-a-hussassa!
☞ *im Takt vier Schritte vor*
Tirallalla!
☞ *drei Schritte zurück*
So kommt man auch vorwärts. Noch einmal: Halli-a-hussassa, tirallalla!
☞ *Bewegung wie vorhin*
Aber jetzt muss ich doch einen Schritt zulegen!
☞ *entdeckt das Männlein*
Uff! Da sitzt ja einer!

Sprecher Ach, hab Mitleid mit mir! Ich hab seit Tagen nichts mehr gegessen und getrunken!

Dummling Leider habe ich nur ein Stückchen trockenes Brot und ein Fläschchen Gänsewein. Wenn dir das gut genug ist, will ich es gern mit dir teilen.
☞ *setzt sich zu ihm*

Sprecher Hauptsache, ich bekomme etwas für meinen hungrigen Magen!

Dummling Bitte, das gehört dir!
☞ *teilt ihm das größere Stück Brot aus dem Rucksack zu*
Ich hab auch einen Becher dabei. Daraus kannst du trinken!
☞ *gießt ihm ein, sie essen und trinken*
Alle guten Geister!
☞ *verzieht das Gesicht*
Das schmeckt ja wie der beste Kuchen! Und das Wasser
☞ *trinkt erneut*
ist süßer Traubensaft und wird gar nicht alle!

Sprecher Wer mit anderen teilt, dem schmeckt es besser, als wenn er allein isst. Du sollst aber noch einen besonderen Lohn haben.

Dummling Ich brauch keinen Lohn. Wenn es dir schmeckt, hab ich Lohn genug.

Sprecher Trotzdem! Geh zu dem Baum, der dort steht! Du siehst das Gestrüpp drumherum. Schlag es ab! Solltest du darin etwas finden, gehört es dir.

Dummling Was soll ich da schon finden! Aber wenn du es so haben willst, tu ich dir den Gefallen.

Sprecher Ja, bitte!

Dummling
☞ *steht auf und geht zum Baum*
Das werden wir gleich haben.
☞ *Er schlägt mit der Axt das Gesträuch nieder. Der Sprecher geht an seinen Platz am Vorhang und legt Bart und Hut ab.*
Das geht ja wie von selbst! Eine scharfe Axt hat mir der Vater da mitgegeben.
☞ *staunt und hält inne, als er plötzlich die Gans erblickt*
Hej! Was ist das? Da sitzt ja ein Vogel! Seh ich recht? Der ist ja aus Gold! Wie das glänzt! Eine Gans ist es, eine goldene Gans! Komm mal her zu mir!
☞ *nimmt die Gans auf den Arm und blickt sich um*

He, Männlein! Wo bist du? – Fort ist es! Fort! Und ich stehe da mit einer goldenen Gans! Was soll ich damit anfangen? Sie mitnehmen? Natürlich nehm ich sie mit. Eine goldene Gans findet man nicht jeden Tag. Vielleicht kann ich mit ihr mein Glück machen!

☞ *Vorhang zu! Musik!*

4. Auftritt

Sprecher ☞ *vor dem Vorhang*
Er marschierte los, merkte aber bald, dass er nicht gehen konnte, wohin er wollte. Die Gans gab die Richtung an. So zog er weiter und immer weiter und trat abends in ein Wirtshaus ein.

☞ *Links ab. Vorhang auf! Man blickt in ein Gastzimmer. In der Mitte steht ein Tisch mit Stühlen. An der Theke hinten links hantiert der Wirt.*

Dummling
☞ *von rechts eintretend*
Guten Abend, Herr Wirt! Habt Ihr vielleicht ein Zimmer für einen müden Wandersmann, ein Glas Apfelsaft für mich und für meine Freundin hier ein Glas Wasser?

Wirt Ein Wandersmann mit einem Vogel, wie ich sehe!

Dummling Vogel ist gut.

Wirt Sieht aus wie eine Gans. Aber dieses Gefieder! Glänzt ja wie, wie ...

Dummling Wie ... wie?

Wirt Wie Gold! Ja, wie Gold!

Dummling Ist es auch. Reines Gold!

Wirt Tatsächlich! Darf ich sehen?
☞ *tritt näher*

Dummling Ansehen dürft Ihr sie, so lange Ihr wollt! Aber nicht berühren! Das mag sie nicht!

Wirt Gewiss, gewiss! Will sie ja nur anschauen. Tatsächlich: reines Gold! Das muss ich meinen Töchtern zeigen.

Dummling Ruft sie nur herbei!

Wirt ☞ *ruft:*
Elvira! Auguste! Mariechen! Elvira! Auguste! Mariechen!

Elvira ☞ *von links*
Was gibt's denn, Papa?

Wirt Kommt her! Seht euch das an!

Elvira Was sollen wir ansehen?

Wirt Na, kommt nur her!

Auguste und Mariechen
☞ *von links*
Was ist denn? Was gibt's?

Wirt ☞ *auf den Dummling und die Gans zeigend*
Seht euch das an! Seht euch das an!

Auguste Ein hübscher Junge mit einem, mit einem ... Meine Güte! Das ist ja eine Gans! Eine goldene noch dazu!

Elvira und Mariechen
Ein hübscher Junge? Mit einer goldenen Gans?
☞ *treten näher*

Auguste ☞ *betont*
Eine ganz goldene Gans!

Mariechen Darf man sie anfassen?

Elvira Ein Federchen rupfen?

Dummling Untersteht euch!

Auguste Nur ein kleines!

Dummling Nichts da! Wenn jeder so ankommt, gibt's bald nichts mehr zu rupfen.

Nein! Hütet euch davor, sie anzufassen!

☞ *Die Töchter bewundern weiter die Gans, betrachten sie von allen Seiten und tuscheln miteinander.*

Wirt So, der Apfelsaft, bitte schön! Und ein Glas mit Wasser für den Goldvogel!

Dummling Der soll zuerst trinken.
☞ *hält der Gans das Glas unter den Schnabel*
Und nun ich.
☞ *trinkt in einem Zug leer*
Ha, das löscht den Durst! Könnt Ihr mir jetzt mein Zimmer zeigen?

Wirt Sehr gern, der Herr! Bitte sehr! Wenn Ihr mir folgen wollt. Und die Gans? Soll sie da sitzen bleiben?

Dummling Ja, ich glaube, der Platz gefällt ihr.
☞ *zur Gans:*
Pass auf dich auf, meine Goldmamsell! Morgen früh geht die Reise weiter.
☞ *zu den Mädchen:*
Und dass ihr sie nicht anfasst!

Elvira, Auguste, Mariechen
Nein, gewiss nicht! Eine gute Nacht, der Herr!

Dummling Gute Nacht!
☞ *mit dem Wirt links ab*

Elvira Ich möcht ja so gern … ich möcht ja so gern …
☞ *zum Publikum:*
Was meint ihr, liebe Leut'? Ein Federchen nur! Einmal anfassen! Das kann doch nicht schaden!
☞ *berührt die Gans*
Seht! Sie lässt sich streicheln. Ganz brav hält sie still.
☞ *kann die Hand nicht lösen*
Aber was ist das? Meine Hand! Wie festgeklebt! Kann ziehen, kann reißen: sie sitzt fest! Auguste, so hilf mir doch!

Auguste Was ist denn, Elvira? Warum schreist du so?

Elvira Die Gans! Ich, ich ...

Auguste Was, ich, ich?

Elvira Ich kleb fest an ihr! Kann zerren wie ich will!

Auguste Wie soll das angehen? Ich glaube, du spinnst! Warte nur, gleich reiß ich dich los! Gib mir die Hand!
☞ *fasst Elvira an der freien Hand*
So, und nun: hau - ruck!
☞ *zieht kräftig*
Nein, warte nur! Noch einmal gezogen!
Hau - ruck! Das gibt es doch nicht!
Jetzt hänge ich wohl selber fest!

Mariechen Was macht ihr für ein Geschrei? Wollt ihr, dass der junge Mann wieder herunterkommt?

Elvira und Auguste Das wollen wir gewiss nicht.

Elvira Es ist ja nur ...

Auguste Das siehst du doch!

Elvira Wir hängen fest!

Mariechen
☞ *tritt näher und fasst Auguste am Arm*
Wo hängt ihr fest? Wenn ihr festhängt, so lasst nur wieder los!

Auguste ☞ *lacht*
So lass du zuerst los!

Mariechen Wenn's weiter nichts ist! Da, bitte!
☞ *versucht vergeblich, sich zu lösen*
He, was ist das? Wie ich auch zerre, die Hand bleibt fest. Alle guten Geister!

Elvira Ziehen wir zusammen auf einmal! Achtung! Wir zählen bis drei!

Elvira, Auguste, Mariechen
Eins - zwei - drei!
☞ *ziehen vergeblich*

Auguste Und was nun?

Mariechen Da bleibt wohl nichts anderes übrig, als zu warten, bis der junge Herr am Morgen kommt!

Elvira Na dann: gute Nacht!
☞ *Sie rücken, so gut es geht, zum Schlafe zusammen.*

☞ *Vorhang zu! Musik!*

5. Auftritt

Sprecher ☞ *vor dem Vorhang*
Ja, da kann man wirklich gute Nacht wünschen. Sie müssen tatsächlich bis zum Morgen ausharren. Dann kommt der Dummling, klemmt die Gans unter den Arm und zieht davon. Und die Mädchen müssen mit, ob sie wollen oder nicht. Seht, wie es weitergeht!

☞ *Der Dummling wandert mit seinen schreienden und gestikulierenden Begleitern von der Bühne um die Zuschauer herum.*
Im Gang trifft er auf die weiteren Spieler, die sich unauffällig hier postiert haben oder gerade in den Zuschauerraum kommen.

Pfarrer Halt! Was muss ich sehen? Gehört sich das für drei junge Mädchen, hinter einem Burschen herzulaufen? Wollt ihr wohl loslassen!
☞ *greift nach Mariechen*
Na warte, hiergeblieben, sage ich! Du willst nicht?
☞ *merkt, dass er festklebt*
Hältst mich sogar fest? Loslassen! Auf der Stelle loslassen!

Mariechen Ich halt Euch nicht fest, Herr Pfarrer. Trotzdem müsst Ihr mit, ob Ihr wollt oder nicht!

Pfarrer Es zieht mich fort wie ein Magnet. Meine Beine müssen auch mit. Ein Zauber steckt dahinter, aber ein böser. Und der da vorne ist wohl gar der Leibhaftige. Ach, da sehe ich zum Glück den Küster Johannes!

Küster ☞ *langsam näher kommend*
Ei, ei, Herr Pfarrer! Sehe ich recht? Ihr lauft den Mädchen nach?

Pfarrer Red keinen Unsinn! Siehst du nicht, dass ich gefangen bin und festklebe?

Küster Wo klebt Ihr fest?

Pfarrer So hilf schon! Hier, meine Hand!
☞ *reicht ihm die freie Hand*
Und nun zieh!

Küster Na gut, man hat nicht oft Gelegenheit, einem Diener Gottes aus der Not zu helfen.
☞ *merkt, dass er festklebt*
Zum Teufel, was ist das?

Pfarrer Hörst du gleich auf zu fluchen!

Küster Aber ich komme nicht mehr los! Ich muss mit! Hätt ich mir lieber die Hand verbrannt, als sie Euch zu reichen!

Pfarrer Da drüben, zwei Bauern! Seht Ihr sie?

☞ *Bauern treten auf. Konrad mit Peitsche oder einem anderen „ungefährlichen" Gerät.*

Küster Jost und Konrad sind's aus dem Nachbarort.
☞ *Hier kann Ortsname aus der Umgebung eingesetzt werden.*

Pfarrer Zwei kräftige Kerle!

Küster Hallo, ihr zwei, helft uns!

Jost ☞ *nähert sich*
Helfen? Warum?

Pfarrer Kommt schon her und reißt uns los! Wir kleben fest.

Jost ☞ *zu Konrad*
Hast du gehört? Sie kleben fest.

Küster So helft uns doch!

Konrad Sollen wir?

Jost Packen wir's an! Den letzten zuerst.
☞ *fasst den Küster an der Jacke und fühlt sogleich, dass er festklebt und mitgerissen wird*
O weh, es reißt mich fort! Kann nicht mehr los!

Konrad Ich helf dir.
☞ *hält ihm die Peitsche hin*
Hier, halt dich fest!

Jost Ja, gut. Ich hab sie. Und nun zieh!

Konrad ☞ *stemmt sich einen Augenblick vergebens gegen die Laufrichtung*
Wie ist mir? Hab keine Kraft. Nun kleb ich auch noch fest. Wie soll das enden?
☞ *fügt sich*
Muss mit! Bin gefangen! Ein Zauber, der mich zieht!

Alle ☞ *gestikulieren und schreien*
So halt doch an! Wohin geht die Reise? Erlös uns von dem Zauber! Wir geben dir alles, was wir haben!

Sprecher Der Dummling achtet nicht auf ihr Geschrei und wandert immer weiter. Am Abend erreicht er mit seiner Gesellschaft eine Stadt.
☞ *Dummling mit „Anhang" vor der Bühne.*
Dort verliest gerade der Herold eine Bekanntmachung des Königs.

☞ *Herold, von zwei Gardisten flankiert, tritt vor den Vorhang. Die Gardisten blasen ins Horn oder schlagen auf eine Pauke oder stoßen die Lanzenenden kräftig auf den Boden. Der Herold öffnet eine große „Pergamentrolle" und liest mit lauter Stimme:*

Herold Seine Majestät, unser höchstverehrter König und Herrscher Reinhard der Dreiundzwanzigste gibt bekannt:
Wie jedermann weiß, ist meine Tochter, die allerlieblichste Prinzessin Güldenstern, von einer tiefen Traurigkeit befallen. Trotz aller Bemühungen von Kammerzofen, Doktoren und Psüchi … Psü-chi-a-tern hat sie seit eintausendzweihundertundfünf Tagen nicht mehr gesprochen und gelacht. Ich rufe hiermit alle jungen Männer auf, den Versuch zu wagen, die allerlieblichste Prinzessin zum Lachen zu bringen. Wem dies gelingt, soll sie auf der Stelle zur Frau bekommen und das halbe Königreich dazu. So beschlossen und unterzeichnet am heutigen Tage: Reinhard der Dreiundzwanzigste, König von Mytholanien und Märland auf Burg Felsenstein.

☞ *rollt das Pergament ein, Gardisten geben Signal wie vorher. Alle ab.*

Sprecher Als der Dummling das gehört hat, macht er sich auf den Weg zum königlichen Schloss, und dort hinein blicken wir nun, geradewegs in das Gemach der lieblichen, aber so traurigen Prinzessin Güldenstern.

☞ *ab*

6. Auftritt

Vorhang auf! Musik! Man blickt in das Gemach der Prinzessin. Diese, auf erhöhtem Sitz rechts von der Bühnenmitte, starrt teilnahmslos in Richtung Zuschauerraum. Im Hintergrund zu beiden Seiten je eine Kammerzofe auf einem Stuhl. Beide beobachten unentwegt die Prinzessin. Ein Hofarzt kommt von rechts, fixiert die Prinzessin, schüttelt stumm den Kopf und geht links ab. Ein zweiter kommt von links, handelt wie der erste und geht rechts ab. Mit einem Schlag wird es laut. Von Gardisten werden nacheinander Spaßmacher, Tänzer, Clowns oder Akrobaten hereingeführt. Man beschränke sich auf zwei oder drei kurze Vorführungen, evtl. mit Musikbegleitung. Die Prinzessin verzieht keine Miene. Die Kammerzofen tun jeweils ihre Beobachtung kund.

1. Zofe Sie rührt sich nicht.

2. Zofe Sie lacht nicht.

☞ *Von links ertönt Lärm und der Dummling erscheint mit seinem Gefolge. Er verbeugt sich und wandert einmal um die Prinzessin herum, wobei die Festklebenden ulkige Bewegungen vollführen, Grimassen schneiden, jammern und palavern. Bei der zweiten Runde hebt die Prinzessin den Blick und plötzlich, als einige in der Reihe stolpern und übereinander kullern, lacht sie und springt auf.*

Prinzessin Was ist das? Was ist das?

1. Zofe ☞ *aufspringend*
Sie hat gesprochen!

2. Zofe ☞ *aufspringend*
Sie hat gelacht!

1. Zofe Sie hat gelacht!

2. Zofe Sie hat gesprochen!

Prinzessin So etwas hab ich noch nie gesehn! Was für ein Zug! Was für ein seltsamer Vogel!

Dummling
☞ *mit großspuriger Geste*
Eine goldene Gans ist's, liebe Prinzessin. Und die ihr folgen, tun's nicht freiwillig. Sie kleben fest, einer an dem andern!

Prinzessin Kleben fest?

Dummling So ist es. Aber nun sind sie, glaube ich …

Alle in der Reihe
☞ *wie auf Kommando die Arme hebend und jubelnd*
Los! Los! Los!

Dummling Erlöst und befreit. Und wie es aussieht, bist auch du befreit von deiner Traurigkeit.

☞ *König, Königin und Hofstaat kommen von links hereingestürmt.*

König Was hören meine Augen? Ich meine: meine Ohren? Lachen und Jubel? In dieser Kammer?

Königin Mein Kind, mein liebes Kind! Was ist geschehen?

1. Zofe Sie hat gesprochen.

Hofstaat Sie hat gesprochen?

2. Zofe Sie hat gelacht.

Hofstaat Sie hat gelacht?

König Dann ist dieser Jüngling ...

2. Zofe Der, der sie zum Lachen gebracht hat.

König Dann bekommt er ...

Königin Dann bekommt er ...

Hofstaat Die Prinzessin zur Frau!

König So komm her, mein Kind!
☞ *Prinzessin geht zu ihm*
Willst du diesen Jüngling heiraten?

Prinzessin
☞ *strahlend*
Ja, Papa! Ich will ihn heiraten!

König So gebt euch die Hand und, und ...

Alle Einen Kuss!

König Wie? Ach so! Nun ja: einen Kuss!

☞ *Prinzessin und Dummling umarmen und „küssen" sich.*

Prinzessin
☞ *verzückt*
Hm!
☞ *sich zum Publikum wendend*
Ich wäre schön dumm gewesen, wenn ich vorhin nicht gelacht hätte!

König Jetzt aber genug! Jetzt ist Schluss!
☞ *zum Publikum:*
Und für euch auch!

☞ *Vorhang zu! Musik!*

Hinweise zum Spiel

Die Handlung verspricht, wenn sie zügig abläuft, ein begeisterndes Spektakel. Man braucht keine aufwändigen Kulissen und eine wirkungsvolle Kostümierung ist mit einfachen Mitteln möglich. Da wird sich jeder etwas einfallen lassen.

Dass man als **Axt** eine ungefährliche Attrappe wählt, versteht sich von selbst.

Und so kann man die **goldene Gans** herstellen: Der Rumpf wird mit Pappmaschee um einen ovalen Luftballon herum modelliert ***(Abb. 1)***. Kopf, Hals und Schwanz werden aus entsprechend zusammengeknülltem Zeitungspapier grob geformt, angeklebt und dann wie der Rumpf mit weißen Pappmascheestücken überzogen ***(Abb. 2)***. Dazu sind mehrere Arbeitsgänge erforderlich. Nach dem Trocknen besprüht man den Körper mit Goldfarbe, malt den Schnabel rot und klebt schwarze Scheibchen als Augen auf. Im Rücken der Gans sollte ein Spalt sein, in den man sich mit den Fingern einhaken kann. Jeder der ihr Folgenden muss seinen Vordermann so anfassen, dass die Kette während des Spiels nicht abreißt. Man lege darauf schon bei den Proben Wert!

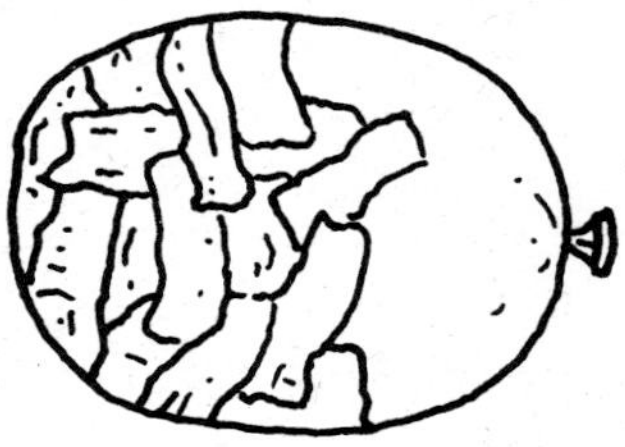

Abb. 1
Luftballon mit Pappmaschee umwickeln

Abb. 2
Kopf, Hals und Schwanz aus Zeitungspapier ansetzen

Frau Holle hat ein Problem

Ein altes Märchen mit neuem Schluss

Frau Holle hat ein Problem

Ein altes Märchen mit neuem Schluss

Über dieses Spiel

Spiel für Kinder vom 4. Schuljahr an

Welche Alternativen gibt es zum herkömmlichen Krippenspiel?

„Lass uns doch mal ein Märchen spielen!“, schlägt eine Kollegin vor.

Frau Holle fällt uns ein, die es im Winter zur Freude der Kinder schneien lässt.

Das könnte passen. Allerdings scheint es unmöglich, die Wunder dieses Märchens mit den Mitteln einer Schülerbühne darzustellen. Wir machen aus der Not eine Tugend und versuchen erst gar keine perfekten Tricks. Jeder soll sehen, dass wir „nur“ Theater spielen. Neu ist das ja nicht.

Eine inhaltliche Aussage des Märchens bereitet uns ebenfalls Probleme: Die unangemessen harte Bestrafung der Pechmarie passt uns nicht ins Konzept, schon gar nicht ins weihnachtliche. Also ändern wir den Schluss. Das gibt uns Gelegenheit, auch die einfältige Sichtweise der Frau Holle durch eine differenziertere zu ersetzen, sie „in einem anderen Licht“ zu zeigen.

Der überlieferten Form tut das keinen Abbruch. Wir vertiefen eher die Auseinandersetzung mit ihr.

Anlass
Unterrichtsprojekt im Winter, Weihnachtsfeier

Spielort
Saal oder Halle mit Bühne oder Podium.
Ein Vorhang ist nicht unbedingt erforderlich.

Musik
Die Liedtexte werden zu den angegebenen bekannten Melodien gesungen.

Dauer
ca. 35 Minuten

Mitwirkende

- der Chor, neben der Bühne stehend
- Sprecher
- Lucia
- Marie
- Mutter
- Frau Holle
- 1. Junge und 2. Junge
- Frau und Mann
- Bühnenarbeiter (mindestens zwei)
- Hahn
- einige Kinder

Bühnenbild
Im Vordergrund links der Brunnen. Daneben eine Sitzbank. Hinten links das Haus, in dem die Mutter mit den beiden Töchtern wohnt. Rechts daneben der Backofen mit den Broten darin, der zu Beginn des Spiels durch eine Mauerkulisse verstellt ist. Anschließend zur Mitte hin der Apfelbaum, zunächst noch ohne Äpfel. Diese liegen in einem Obstkorb darunter. Rechts das Haus der Frau Holle mit Tür und breitem Fenster im ersten Stock. Links am Haus ein Torbogen.

1. Szene — *Platz am Brunnen*

☞ *Sprecher, Marie, Lucia und Mutter betreten gemeinsam die Bühne.*

Sprecher ☞ *zum Publikum*
Wir wollen ein Märchen spielen.

Lucia Das Märchen von der Frau Holle. Kennt ihr das?

Marie Natürlich. Das kennt doch jeder. Fast jeder, meine ich.

Sprecher Das wollen wir jetzt spielen.

Lucia Dazu haben wir Kulissen aufgebaut.

Marie Zunächst einen Brunnen.
☞ *zeigt ihn*
Hier, das ist unser Brunnen.

Sprecher An diesem Brunnen sitzt ein Mädchen. Es heißt Marie.

Marie Das bin ich.

Sprecher Ja, du sitzt am Brunnen und spinnst. – Mit einem Spinnrad selbstverständlich. Wie man es früher tat. Man spann damit Fäden zum Stricken und Weben.
☞ *holt das Spinnrad von hinten und stellt es neben den Brunnen, Marie setzt sich und fängt an zu spinnen*

Marie Gut. Aber warum muss ich mich dazu an den Brunnen setzen?

Sprecher Weil deine Mutter dich jeden Tag herschickt.

Mutter Die Mutter spiele ich.

Sprecher Du gehst erst mal da in das Haus. Da wohnt ihr drei nämlich.
☞ *Mutter geht ins Haus.*
Also, das war so: Zum Brunnen musste man früher gehen, um Wasser zu holen. Wer in der Nähe wohnte, brachte vielleicht das Spinnrad mit. Man erzählte sich das Neueste und es war immer was los.
☞ *winkt zwei Jungen aus dem Publikum*
Kommt her, ihr zwei! Setzt euch da an den Brunnen und unterhaltet euch!
☞ *Jungen setzen sich auf den Brunnenrand.*
Du, Marie, hast eine Schwester.

Lucia Das bin ich. Ich heiße Lucia.

Sprecher Ja, und dich, Lucia, behandelt deine Mutter viel besser als Marie, weil du ihre leibliche Tochter bist. Marie aber behandelt sie schlecht. Weil sie ihre Stieftochter ist.

Marie Typisch Märchen!

Lucia Ich geh dann auch ins Haus, denn ich komme erst später dran.
☞ *geht ins Haus*

Sprecher Ich setzte mich mit an den Brunnen und jetzt geht es richtig los.
☞ *setzt sich an den Brunnen*

Marie Ach, der Faden schneidet in meine Finger. Mein Rücken tut weh. Die Arme schmerzen auch. Ich will sie einmal durchschütteln.
☞ *unterbricht die Arbeit und lockert sich*

Mutter ☞ *kommt aus dem Haus geschossen*
Hej, Marie! Quatsch nicht so viel und sitz nicht so faul da herum! Du sollst spinnen!

Marie Aber Mutter, ich hab' den ganzen Morgen gesponnen. Sieh doch nur: Meine Finger bluten schon.
☞ *zeigt ihr die Hände*

Mutter Papperlapapp. Was faselst du? Sofort an die Arbeit! Und heute Abend will ich sehen, was du fertiggebracht hast!

Marie Ich mach schon.
☞ *setzt sich, spinnt und singt mit dem Chor*

Chor ☞ *(Melodie: Kommt ein Reitersmann daher)*
Spinnen muss ich. Immerzu
drehet sich das Rädchen.
Ohne Rast und ohne Ruh
läuft und surrt das Fädchen.
Bis es Abend wird im Land,
sitz ich ohne Klagen.
Schmerzt und blutet gar die Hand,
muss es still ertragen.

Sprecher So ist das jeden Tag. Marie muss spinnen, bis ihre Finger blutig sind. Die Leute, die vorbeikommen, bedauern sie.

☞ *Eine Frau und ein Mann spazieren vorbei.*

Mann Da sitzt die Marie wieder am Spinnrad.

Frau Ein armes Mädchen! Von morgens bis abends muss sie da sitzen und arbeiten.

Mann Man müsste mal mit der Mutter reden!

Frau Müsste man, aber es traut sich ja keiner.

Mann Mit der will niemand Streit haben.

☞ *beide ab*

Sprecher Heute geschieht der Marie zu allem Übel noch ein Missgeschick.

Marie Schlimm, wie meine Finger bluten! Auch die Spule ist blutig geworden. Ich muss sie abwaschen, sonst gibt's zu Hause Ärger.

☞ *bückt sich über den Brunnenrand und wäscht die Spule, plötzlich schreit sie auf*

Oh nein! Das darf doch nicht wahr sein! Jetzt ist mir die Spule in den Brunnen gefallen. Was mach ich denn nun?

☞ *überlegt und wendet sich dann an die beiden Jungen*

Habt ihr eine Idee, wie ich sie herausbekomme?

1. Junge Nee, da ist nichts zu machen. Der Brunnen ist viel zu tief.

2. Junge Die ist weg!

Marie Ich muss es meiner Mutter sagen. Oh weh!

☞ *macht sich auf den Weg*

2. Junge Komm, wir hauen ab!

☞ *beide ab*

Mutter ☞ *aus der Tür kommend*

Was ist denn nun los?

Marie Mutter, guck mal, meine Hände!

Mutter Na und? Das bisschen Blut! Was stellst du dich so an?

Marie Aber die Spule!

Mutter Was ist mit der Spule?

Marie Ich wollte das Blut abwaschen und da ...

Mutter Was: und da?

Marie Da ist sie mir in den Brunnen gefallen.

☞ *weint*

Mutter ☞ *schreit:*
Ist sie dir in den Brunnen gefallen, so spring hinein und sieh zu, dass du sie wieder herausbekommst!

Marie Aber wie soll ich denn ...

Mutter Was? Noch Widerreden? Gleich läufst du zum Brunnen und bringst die Spule zurück!

☞ *wütend ab*

Marie ☞ *geht zum Brunnen und steigt auf den Rand*
Was bleibt mir anderes übrig? So will ich's denn wagen. Vielleicht hilft mir ein Schutzengel wieder herauf!

☞ *springt hinein*

2. Szene *Auf der grünen Wiese vor dem Haus der Frau Holle*

Sprecher Das Mädchen verlor das Bewusstsein und sank tief, immer tiefer in den Brunnen. Aber dann geschah ein Wunder. Marie erwachte und sah vor sich eine schöne grüne Wiese. Die müssen wir jetzt erst einmal andeuten.
☞ *Bühnenarbeiter stellen auf den Bühnenrand Gras-Silhouette.*
Dann haben wir hier einen Backofen.
☞ *Backofen wird aufgedeckt und weiter vorgezogen.*
Und hier steht ein Baum. Wir hängen Äpfel daran und haben einen Apfelbaum.
☞ *Bühnenarbeiter und Sprecher hängen Äpfel auf. Ein Apfel ist echt.*
Wer dort in dem Haus neben dem Tor wohnt, werdet ihr gleich erfahren.
☞ *geht von der Bühne*

Marie ☞ *seitlich aus dem Brunnen auf die Bühne kommend*
Wo bin ich? Was ist mit mir geschehen? Habe ich mich verirrt? Und was ist das für eine schöne grüne Wiese? Ich will ein Stückchen gehen. Vielleicht finde ich irgendwie nach Hause.
☞ *erblickt den Backofen*
Ach, da ist ja ein Backofen! Der dampft. Bestimmt backt da jemand Brot.

Chor Zieh mich raus! Zieh mich raus! Sonst verbrenn ich! Ich bin schon längst ausgebacken!

Marie Ach du meine Güte! Dachte ich mir's doch! Ja, es wird höchste Zeit, dass ihr herauskommt!
☞ *nimmt den Brotschieber, der neben dem Ofen steht*

Chor Zieh mich raus! Zieh mich raus! Sonst verbrenn ich! Ich bin schon längst ausgebacken!

Marie Ich bin schon dabei. So, raus mich euch!
☞ *zieht die Brote mit dem Schieber aus dem Ofen und gibt sie in den Korb, der ebenfalls neben dem Ofen steht*

Chor ☞ *(Melodie: Refrain von Wer will fleißige Handwerker sehn)*
Eins und zwei, eins und zwei;
kommt, ihr Brote, kommt herbei!
Drei und vier, und noch mehr:
seht, nun ist der Ofen leer!
Danke schön! Danke schön!
Lebe wohl! Auf Wiedersehn!

Marie So, das war höchste Zeit! Aber nun ist es geschafft. Wer euch gebacken hat, braucht euch nur noch abzuholen.
☞ *sieht im Weitergehen den Apfelbaum*
Seht, was für schöne Äpfel! Ob ich mir einen davon pflücken darf?
☞ *pflückt den echten Apfel und beißt hinein*
Hm, das schmeckt!

Chor Schüttle mich! Schüttle mich! Meine Äpfel sind schon alle miteinander reif!

Marie Höre ich recht? Ich soll dich schütteln?

Chor Schüttle mich! Schüttle mich! Meine Äpfel sind schon alle miteinander reif!

Marie Entschuldige, dass ich dich nicht gleich verstanden habe! Warte, ich will dich schütteln, dass kein Apfel am Zweig bleibt!
☞ *schüttelt die Äpfel ab und liest sie in den Obstkorb*

Chor ☞ *(Melodie: Jingle bells)*
Schüttle mich, rüttle mich! Wie mir das gefällt!
Alle Äpfel springen ab, nichts mehr, was sie hält!
In den Korb mit der Pracht! Gut ist das gemacht!
In den Korb mit der Pracht! Ja, das hast du gut gemacht!

Marie Ich wüsste doch gerne, wem das Brot und die Äpfel gehören!

☞ *schickt sich an, weiterzugehen, als ihr Blick auf das Haus der Frau Holle fällt*

Ob ich da mal nachfrage? Vielleicht wohnt darin jemand, der mir den Weg nach Hause zeigen kann.

☞ *Während sie sich zögernd nähert, springt das Fenster – oder die Tür – auf. Frau Holle erscheint. Marie weicht einen Schritt zurück.*

Frau Holle Welches Menschenkind hat sich denn da in mein Reich verirrt?

☞ *sie winkt*

Komm ruhig ein bisschen näher!

Marie ☞ *halb zum Publikum*

Oh nein! Wer ist das?

Frau Holle Komm nur her zu mir! Du brauchst keine Angst zu haben! Ich bin die Frau Holle.

Marie Die Frau Holle?

Frau Holle Ja, die bin ich. Wenn du willst, kannst du bei mir bleiben. Du sollst es gut bei mir haben, musst mir allerdings ein bisschen bei der Hausarbeit helfen ...

Marie Arbeiten bin ich gewohnt. Wenn ich nur nicht den ganzen Tag spinnen muss! Alles andere ist mir recht.

Frau Holle Du bleibst also?

Marie Ja, danke!

☞ *zum Publikum:*

Wo soll ich sonst hin?

Frau Holle Eins ist besonders wichtig: Im Winter müssen wir kräftig die Betten schütteln. Wenn dann die Federn fliegen, schneit es auf der Erde, und die Kinder freuen sich.

Marie Ich will's versuchen.

Frau Holle So komm herein! Zuerst mache ich dir was zu essen. Ich denke, das wird dir gut tun.

☞ *Marie geht ins Haus.*

3. Szene — *Im Haus der Frau Holle*

Sprecher Ihr seht, da hat es die Marie gut angetroffen. Es gefällt ihr bei der Frau Holle und sie bleibt ein ganzes Jahr dort. Die Hausarbeit macht ihr nichts aus. Manchmal muss Frau Holle sie sogar zurückhalten, wenn sie zu fleißig ist.

Frau Holle
☞ *hinter den Kulissen*
Hallo, Marie! Mach endlich mal Pause und ruh dich aus!

Marie Ja, gleich, liebe Frau Holle! Darf ich erst noch die Betten ausschütteln?

Frau Holle Ach Kind, dass du nicht aufhören kannst! Warte, ich helfe dir! Dann geht es schneller.
☞ *Beide erscheinen im Fenster, schütteln die Betten und singen mit dem Chor. Einige Kinder tanzen dazu auf der Bühne.*

Chor ☞ *(Melodie: Hei, hei, hei, so eine Schneeballschlacht)*
Wenn Frau Holle ihre Betten macht,
ja, dann fallen weiße Flocken auf die Erde,
wirbeln lustig oder gleiten sacht;
eine muntere, vergnügte Flockenherde.
Und die Kinder auf den Straßen,
rote Ohren, rote Nasen,
rufen: Das war höchste Zeit!
Und sie tanzen und sie springen
und sie jubeln und sie singen:
Kommt heraus, ihr Leut, es schneit, es schneit!
Wenn Frau Holle ihre Betten macht,
ja, dann fallen weiße Flocken auf die Erde,
wirbeln lustig oder gleiten sacht,
decken alles zu mit ihrer weißen Pracht.

Frau Holle So, nun ist es gut! Jetzt hat's genug geschneit.

Marie Ach ja, Frau Holle, manchmal, wenn die Flocken so zur Erde hinunterwirbeln ...

Frau Holle Was denn, mein Kind? Sprich dich nur aus!

Marie Manchmal muss ich an die Meinen zu Hause denken und dann ...

Frau Holle Und dann? Sag's nur!

Marie Es ist schon seltsam: Obwohl ich's hier ja viel besser habe, erfasst mich manchmal doch das Heimweh und ich möchte wieder zur Erde.

Frau Holle Das ist ganz natürlich. Es gefällt mir sogar, dass du wieder zu den Deinen möchtest.

Marie Ihr versteht mich?

Frau Holle Na klar verstehe ich dich. Und weil du mir so brav gedient hast, sollst du auch deinen Lohn haben, wie es sich gehört.

Marie Ach, Frau Holle, Ihr habt mir nur Gutes getan. Das war Lohn genug.

Frau Holle So komm mit! Wenn du dort durch das Tor gehst,
☞ *sie zeigt darauf*
bist du bald wieder auf der Erde. Komm nur, ich führe dich hinaus!

Marie Habt vielen Dank für Eure Freundlichkeit! Ich werde Euch nicht vergessen.
☞ *beide ab*

4. Szene *Auf der Straße*

Sprecher Ja, so ist das: Obwohl es die Marie zu Hause wahrlich nicht gut hatte, sehnt sie sich zurück. Mit einer Belohnung hat sie bestimmt nicht gerechnet, aber sie bekommt doch eine und zwar eine wirklich märchenhafte. Denn als sie durch das Tor geht, fällt von oben herab lauter Gold. Es regnet förmlich auf sie hernieder und bleibt an ihr hängen.

☞ *Bühnenarbeiter werfen, auf dem Tisch hinter der Hauskulisse stehend, Goldschnipsel und Goldtaler von oben herab auf Marie.*

Chor ☞ *(Melodie: Schneeflöckchen, Weißröckchen)*
Goldtaler, Goldflocken, ein goldener Flor,
Marie, wie verzaubert, steht unter dem Tor.
Und kommt sie heraus, ja, da glänzet ihr Haar,
und es glänzt ihre Kleidung von Gold wunderbar.

☞ *Marie kommt hervor, über und über mit Gold bedeckt und mit goldenen Schuhen.*

Marie Was war das? Wie sehe ich aus? Mein Kleid, meine Schuhe, alles wie verwandelt! Ich glaube, das ist Gold, pures Gold! Und überall liegen goldene Taler.

☞ *sammelt auf, so viel sie in den Händen tragen kann*

So hat mich Frau Holle doch reich belohnt. – Aber was wird meine Mutter dazu sagen? Und meine Schwester Lucia? Ob sie mich überhaupt wieder erkennen? Ich will mich auf den Weg machen.

☞ *geht langsam in einem Bogen nach links*

Sprecher Sie geht nach Hause. Die Leute auf der Straße sehen sich nach ihr um.

☞ *Frau und Mann gehen von links nach rechts.*

Frau Hast du die gesehen? Wer war das?

Mann Keine Ahnung.

Frau Hatte die nicht ein goldenes Kleid an?

Mann ☞ *sich umdrehend*
Sieht tatsächlich so aus!

Frau Ob das echt ist?

Mann Die muss ja steinreich sein!

Frau Dass es so was gibt!

☞ *beide ab*

Sprecher Als sie aber am Brunnen vorbeikommt, fliegt der Hahn auf die Mauer und ruft:

Hahn ☞ *auf der Mauer*
Kikerikie! Unsere goldene Jungfrau ist wieder hie!

☞ *Er verschwindet wieder. Marie geht ins Haus.*

5. Szene *Platz am Brunnen*

Sprecher Als Marie zu Hause ankommt, wird sie freundlich empfangen. Sie ist ja reich und bringt viel Geld mit. Sie erzählt, was sie erlebt hat, und dabei regt sich im Herzen der Mutter immer stärker der Neid. Bald darauf nimmt sie Lucia beiseite.

☞ *Mutter und Lucia gehen zum Brunnen.*

Mutter Was die Marie kann, das schaffst du auch. Los, spring in den Brunnen und sieh zu, dass du auch zu dieser Frau Holle gelangst und reich wirst!

Lucia So einfach in den Brunnen springen?

Mutter Denk an das viele Gold! Also spring schon!

☞ *schiebt die Zögernde auf den Brunnenrand*

Lucia Nun denn, so will ich's tun.
☞ *springt in den Brunnen*

Mutter ☞ *zum Publikum*
Das wäre geschafft! Ist die Marie reich geworden, soll's die Lucia erst recht werden. Ich freu mich schon darauf, sie als Goldprinzessin zu sehen.
☞ *geht zurück ins Haus*

6. Szene *Auf der grünen Wiese vor dem Haus der Frau Holle*

Sprecher Ob die Lucia wirklich in das Reich der Frau Holle gelangt? Sie tut es tatsächlich. Aber da müssen erst wieder die Brote in den Backofen und die Äpfel an den Baum!
☞ *Bühnenarbeiter stecken die Brote in den Backofen und hängen die Äpfel an die Zweige.*
So, jetzt kann die Lucia kommen. Mal sehen, wie es ihr ergeht.

Lucia ☞ *aus dem Brunnen auf die Bühne kommend*
Na, das war vielleicht eine Rutschpartie! Ganz tief hinunter und wieder in die Höhe! Richtig spannend, kann ich euch sagen. Nun müsste ich ja im Reich dieser merkwürdigen Frau Holle sein!
☞ *blickt sich um*
Tatsächlich, da ist schon der Backofen!

Chor Zieh mich raus! Zieh mich raus, sonst verbrenn ich! Ich bin schon längst ausgebacken!

Lucia Was? Dich rausziehen?
☞ *zum Publikum:*
Ich weiß gar nicht, wem das Brot gehört! Außerdem könnte ich mir die Finger verbrennen! Nein, das lass ich besser bleiben!
☞ *geht weiter*

Chor Schüttle mich! Schüttle mich! Meine Äpfel sind schon alle miteinander reif!

Lucia ☞ *blickt zum Apfelbaum*
Was ist denn nun schon wieder?

Chor Schüttle mich! Schüttle mich!

Lucia Ich glaub, ich hör nicht recht! Ich soll dich schütteln?

Chor Schüttle mich! Schüttle mich!

Lucia *☞ zum Publikum*
Ich mag keine Äpfel. Meistens sind sie zu sauer.
☞ zum Baum:
Warum soll ich dich schütteln? Es könnte mir einer von deinen Äpfeln auf den Kopf fallen. Und außerdem müsste ich sie wohl noch alle auflesen! Nein danke! Am Baum seht ihr viel schöner aus. Adieu!
☞ geht weiter zum Haus der Frau Holle
So, das muss wohl das Haus der Frau Holle sein.
☞ klopft an

Frau Holle
☞ die Tür öffnend
Komm nur herein!

Lucia Ich bin Lucia, die Schwester von Marie. Nachdem sie Euch verlassen hat, möchte ich in Eure Dienste treten.

Frau Holle Ich habe dich schon erwartet. Tritt ein!
☞ Beide gehen ins Haus.

7. Szene *Im Haus der Frau Holle*

Sprecher Frau Holle hat das Mädchen natürlich sofort durchschaut. Es kommt so, wie sie erwartet hat: In der ersten Zeit zeigt Lucia sich willig. Aber schon bald schläft sie morgens lange und zum Arbeiten hat sie immer weniger Lust. Im Winter muss Frau Holle die Betten meistens allein ausschütteln. Da, seht es euch an!
☞ zeigt zum Fenster, wo Frau Holle die Betten schüttelt
Sie ist ziemlich sauer und was sie denkt, wird sie euch jetzt verraten.

Frau Holle Die Lucia erwartet, dass sie auch mit Gold belohnt wird wie die Marie. Da hat sie sich aber geirrt. Wenn sie durch das Tor geht, werde ich einen großen Kübel Pech über sie schütten lassen. Und das Pech wird das ganze Leben an ihr kleben bleiben. Ich denke, das ist der gerechte Lohn für ihre Faulheit.

Sprecher Aber dann kommt alles anders und so, wie es in keinem Märchenbuch steht.
☞ Lucia tritt neben Frau Holle ans Fenster.

Frau Holle Da bist du ja endlich. Nun los, fass an und schüttle die Betten!

Lucia Ach, Frau Holle, ob es wohl richtig ist, dass Ihr jeden Tag die Betten schüttelt?

Frau Holle
☞ *überrascht*
Wie meinst du das? Es ist doch Winter. Ich muss die Betten schütteln, damit es auf der Erde schneit und die Kinder ihre Freude haben.

Lucia Ob sie sich wirklich freuen?

Frau Holle Natürlich freuen sie sich.

Lucia Aber nicht alle!

Frau Holle Wie bitte?

Lucia Wo die Menschen Not leiden, freuen sie sich bestimmt nicht über den Schnee. Auch die Kinder nicht.

Frau Holle
☞ *sieht Lucia erstaunt an*
Wie meinst du das?

Lucia Wo Krieg ist zum Beispiel, da fehlt es ihnen oft an warmer Kleidung. Sie leiden Hunger und müssen mit Lebensmitteln versorgt werden. Wenn Schnee liegt, ist das alles schwieriger.

Frau Holle
☞ *nachdenklich*
Na ja, wer kein Dach über dem Kopf hat, freut sich nicht über den Schnee. Und wo Krieg ist ...

Lucia Da leben die Menschen in zerschossenen Häusern oder sind auf der Flucht. Und wenn es dann schneit ...

Frau Holle Wer macht denn den Krieg? Ich doch nicht! Den machen die Menschen selber.

Lucia Aber die Kinder nicht!

Frau Holle Nein, die Kinder nicht.

Lucia Ich wollte auch nur sagen ...

Frau Holle Ich hab's verstanden: Nicht alle Kinder freuen sich, wenn es schneit. Aber nun sei bitte so gut und trag das Bettzeug hinein!

Lucia ☞ *packt das Bettzeug*
Ach, wie schwer das ist!
☞ *geht ins Haus*

Frau Holle Habt ihr das gehört? Zum Arbeiten hat sie wirklich keine Lust. – Aber was sie vorhin sagte, waren keine faulen Ausreden. Sie macht sich Gedanken und hat bestimmt ein gutes Herz. Es kann ja auch nicht jeder so fleißig sein wie die Marie.

☞ *nach einer Pause*

Was soll ich nun tun? Soll ich Pech oder Gold über sie schütten lassen?

☞ *überlegt*

Ich muss darüber nachdenken.

☞ *geht ins Haus*

Sprecher Das tut sie nun. Sie denkt darüber nach. Ich denke, sie wird schon die richtige Lösung finden. Damit endet unser Märchen von der Frau Holle. Hier seht ihr noch einmal alle, die mitgespielt haben.

☞ *Darsteller und Chorsänger treten auf die Bühne.*

Wir sagen euch zum Abschied:

Alle ☞ *(Melodie: The Yellow Rose of Texas, amerikanisches Volkslied)*

Ja, so einfach wie im Märchen
ist es im Leben nicht.
Drum zeigten wir Frau Holle
in einem andern Licht.
Und wir wünschen allen Kindern,
allen Kindern weit und breit,
dass sie sich im Winter freuen,
wenn es heißt: Es schneit! Es schneit!

Hinweise zum Spiel

Die Bühnengestaltung ist relativ aufwändig; es macht aber Spaß, die anfallenden kniffligen Aufgaben zu lösen: Das **Haus der Mutter und ihrer Töchter** wird, falls entsprechende Kulissen nicht vorhanden sind, auf zusammengeklebte Tapeten gemalt und links an die Rück- oder Seitenwand der Bühne geheftet. Beim Malen arbeite man großzügig mit einem dicken Pinsel. Für das **Haus der Frau Holle** hat sich ein Rahmen aus Dachlatten bewährt, auf den man Tapeten heftet, hinten miteinander verklebt und bemalt. Hinter dieser Kulisse müssen sich die Spieler bewegen können. Sie ist deshalb gut zu befestigen, am besten durch seitliche Verstrebungen mit der Rückwand. Wo nicht genagelt und gebohrt werden darf, leistet Klebeband gute Dienste. Um aus einem Fenster oder vom Balkon die Betten ausschütteln zu können, steigen die Darsteller auf einen Schülertisch. Auf diesen stellen sich später auch die „Goldwerfer".

Der **Brunnen** lässt sich aus einem großen Verpackungskarton herstellen, den man unter Nutzung der Faltkanten und zusätzlicher Einritzungen mit einem Tapeziermesser (Vorsicht!) in eine halbrunde Form bringt. Beide Enden werden an der linken Bühnenvorderseite befestigt. Günstig lässt sich der Brunnen bei einer vorspringenden Podiumsbühne um die Ecke herum anbringen. Die Mauerfugen sind schnell aufgemalt. Nach links zu ist der Brunnen offen. So können Marie und Lucia ihn verlassen und, hinter einem Sichtschutz hervorkommend, auf die „schöne grüne Wiese", die Bühne, steigen. Das wirkt durchaus überzeugend.

Diese schöne grüne **Wiese** veranschaulichen wir durch grüne Pappstreifen, in die wir grob 10 bis 15 cm hohe silhouettenartige Grasmuster einschneiden. Die Streifen heften wir mit dem Tacker an Dachlatten, die den Bühnenrand begrenzen.

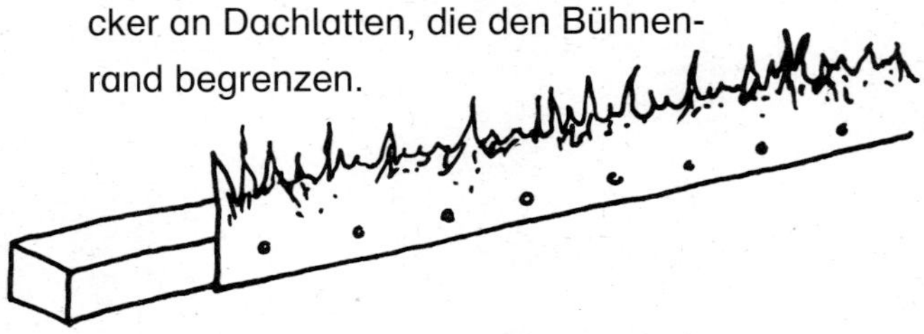

Zur Herstellung des **Backofens** ist wieder ein Verpackungskarton, etwa von einem Herd oder Kühlschrank, gut zu gebrauchen. Man schneidet eine Öffnung aus und klebt einen Boden ein, auf dem später die Brote liegen. Ein schräges Dach macht sich gut, kostet aber einige Mühe. Auf keinen Fall darf der Schlot fehlen. Watte in seiner Öffnung stellt den Rauch dar. Hinter das „Feuerloch" klebt man geknautschtes rotes Transparentpapier und legt dahinter eine leuchtende Lampe. Auf die Rückseite des Ofens wird eine großflächige Pappwand geklebt und von beiden Seiten als Mauer angemalt.

Die **Brote** fertigt man aus Pappmaschee. Zuerst werden Zeitungen zu einer Brotform geknüllt und mit Papierstreifen, die man durch Tapetenkleister gezogen hat, umwickelt. Nach dem Trocknen wird eine Schicht aus weißem Papier über das Ganze geklebt. Ein Anstrich mit Plaka- oder Abtönfarbe gibt unseren Broten ein realitätsnahes Aussehen. Sie sind zudem leicht und unverwüstlich. Als Brotschieber verwenden wir einen längeren Stock mit einem angehefteten rechteckigen Pappstück.

Auch beim **Apfelbaum** verhelfen uns einfache Mittel zu einem gefälligen Requisit. Um das obere Ende eines Kartenständers werden mit Klebeband Zweige befestigt. Der Ständer selbst wird mit geknülltem Zeitungspapier verdickt und danach mit Pappmaschee umwickelt. Dunkelbraune Farbe gibt unserem Baum ein naturgemäßes Aussehen. Er steht fest, lässt sich aber trotzdem schütteln.

Die **Äpfel** werden ebenfalls aus Pappmaschee gebastelt, mit dem wir eine Kugel aus geknülltem Zeitungspapier überziehen ***(Abb. 1)***. Nach dem Trocknen kleben wir auf diese Grundform ein schleifenförmig aufgelegtes Stück Bindedraht fest. Etwa drei Zentimeter lassen wir aus der Kugel herausragen. Diese wird mit Schnipseln aus weißem Pappmaschee überzogen ***(Abb. 2)***. Das Drahtende muss etwas gebogen und ebenfalls ganz überklebt werden. Es bildet den Apfelstiel, mit dem wir die Äpfel an die Zweige des Baumes hängen ***(Abb. 3)***. Verletzungen durch herausstehende Drahtenden müssen ausgeschlossen sein. Die Äpfel werden rot oder rotgelb angemalt. Dass die Oberfläche nicht ganz glatt ist, fällt aus der Entfernung nicht auf. Nach einigem Üben hängen die „Bühnenarbeiter“ die Äpfel schnell und sicher an die Zweige und Marie schüttelt sie restlos herunter.

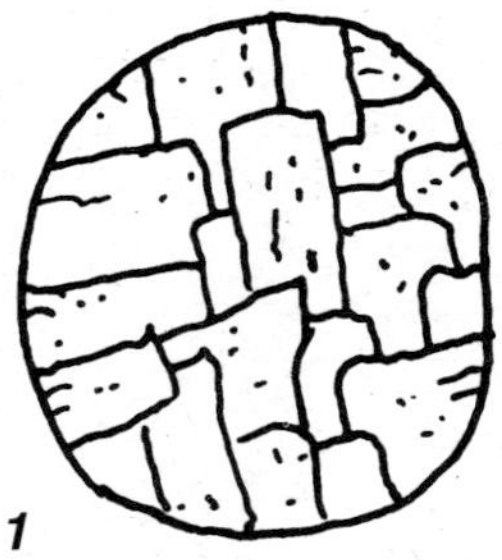

Abb. 1
Rohling aus Pappmaschee

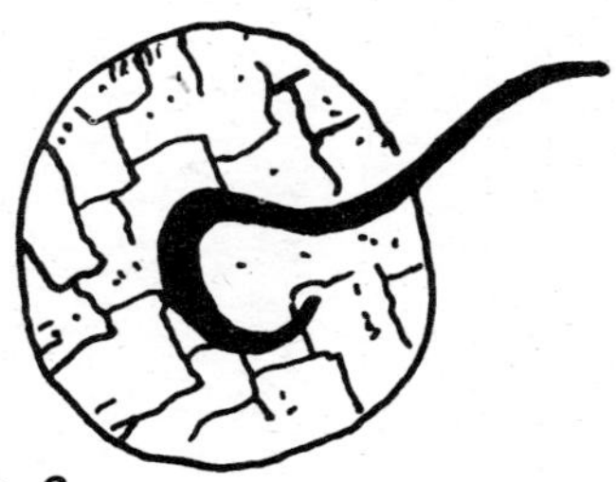

Abb. 2
Draht auflegen und festkleben

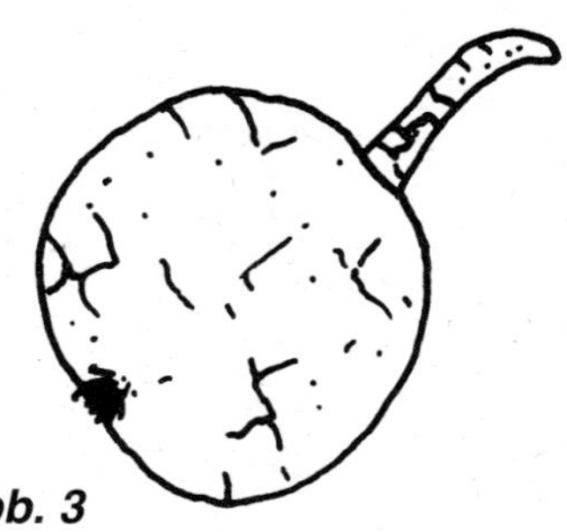

Abb. 3
fertiger Apfel

Die **Blätter** schneiden wir aus grünem Tonpapier. Auf Blattspreite und -stiel wird mit Hilfe eines Stückes aus dem gleichen Papier ein Bindedraht geklebt, der 7 bis 10 Zentimeter über den Stiel hinausragt. Damit werden die Blätter an den Zweigen befestigt.

Goldtaler sind schnell aus Pappe geschnitten, die wir zuvor mit Goldfarbe aus der Sprühdose überzogen haben.

Die **Verwandlung der Marie** geschieht, indem sie hinter den Kulissen ein Kleid überstreift, auf das wir einige Bündel Goldlametta aufgenäht haben. Das glitzert und hängt fließend an ihr herab, als ob sie tatsächlich mit Gold überschüttet worden sei. Zwei oder drei dieser Goldlamettabündel schneiden wir in kleine Stücke und geben sie mit den Goldtalern in eine Schachtel oder Dose. Wenn daraus der Goldregen auf Marie herniedergeht, flimmern die Lamettastückchen im Licht. Ein Teil bleibt schmückend im Haar des Mädchens hängen. Man wird verständlicherweise bei den Proben sparsam oder nur andeutungsweise mit diesem „Bühnengold“ umgehen.

Schneeflocken aus Frau Holles Betten wirbeln zu lassen, ist eine der schwierigsten Aufgaben. Es hat sich bewährt, in alte Kopfkissenbezüge Flocken aus Watte zu füllen und diese durch die Lücken der zugeknöpften Seite auszuschütteln. Zusätzlich klebt man auf die Bezüge mit winzigen Leimtupfern Watteflocken. Auch diese lösen sich zu großen Teilen beim Schütteln.

Das **Spinnrad** ist ein Requisit, das wir nicht selbst herstellen können. Wir müssen es irgendwo ausleihen. Es braucht nicht voll funktionstüchtig zu sein. Marie muss auch nicht spinnen können. Sie kann es pantomimisch andeuten. Das Rad sollte sich allerdings schon drehen.

Bühnenbild mit Vorhang (Ofen verdeckt)

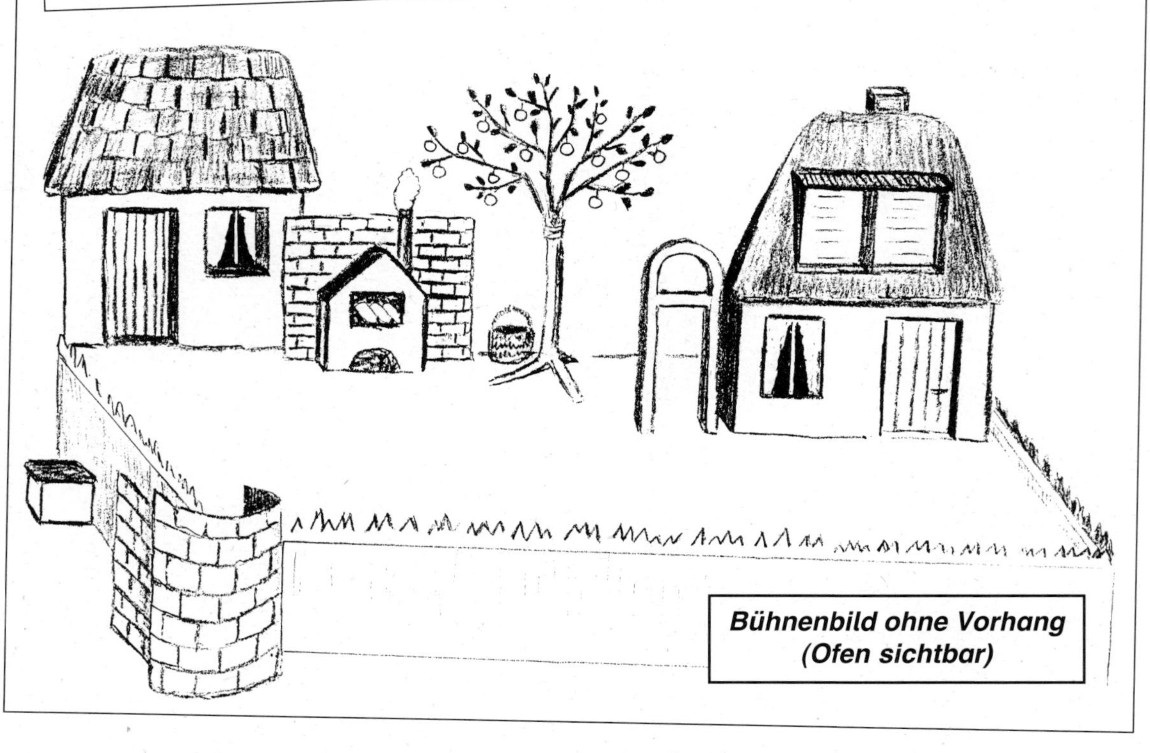

Bühnenbild ohne Vorhang (Ofen sichtbar)

Die Mauer des Herrn Mulanus

Ein Problemstück mit märchenhaften Elementen

Die Mauer des Herrn Mulanus

Ein Problemstück mit märchenhaften Elementen

Über dieses Spiel

Ein winterliches Spiel für Kinder vom 4. Schuljahr an.

Das Spiel dreht sich um einen alten Mann, der zurückgezogen in einem Park wohnt, in dem die Kinder wunderbar spielen könnten, wenn er sie nur hineinließe.

So menschenfeindlich, wie es den Anschein hat, ist der Alte aber nicht. Es bedarf nur eines kleinen Anstoßes, um seine Isolation zu beenden und die Mauer, mit der er sich umgeben hat, abzureißen.

Für die ins Fantastische hineinreichende Handlung steht vor allem der Rabe Jakob, dem Mulanus das Sprechen beigebracht hat. Er trägt durch seine Komik dazu bei, dass sich das Geschehen in gelöster Stimmung fortentwickelt. Seine Rolle muss aber durchaus realistisch und nicht etwa clownhaft gespielt werden.

Eine wichtige Rolle kommt der Turmglocke zu. Sie sorgt als Spielleiter für den zügigen Fortgang des Geschehens.

„Der Mulanus“ (Betonung auf der ersten Silbe) eignet sich gut auch zur Vorführung auf einer Schulweihnachtsfeier. Eine Vorhangbühne erleichtert den Kulissenaufbau.

Anlass
Weihnachtsfeier, Projekt in der Vorweihnachtszeit

Spielort
Größerer Raum mit einer Bühne oder einem Podium. Ein Vorhang ist vorteilhaft.

Musik
Die Leitmelodie nach beigefügten Noten (s.S. 103) wird von einem Klavier hinter der Bühne gespielt oder von einem Band eingespielt. Sie kann auch zur Einstimmung vor dem Stück anklingen.

Dauer
ca. 35 Minuten

Mitwirkende
- die Turmglocke;
- Tobbi, der Zeitungsjunge;
- Fred, der Bäckergeselle;
- Betty, Tanja und Olaf, Kinder aus dem 4. Schuljahr;
- Timm, ein Junge aus dem 3. Schuljahr;
- die Lehrerin;
- die alte Marie;
- Jakob, der Rabe;
- Herr Mulanus;
- Frau Baumann;
- Frau Fischer

Bühnenbild
Es ist Winter, und es hat geschneit. Von links nach hinten rechts eine kopfhohe Mauer mit einem kleinen Tor im rechten Endabschnitt. Daneben ein Briefkasten. Links im Hintergrund ragt zwischen Bäumen ein Hausgiebel hervor. An der Mauer entlang verläuft im Vordergrund eine Straße. Rechts, mit der Tür zu dieser Straße, steht ein Eckhaus mit Posteinwurfklappe. Hinten (oder seitlich am Vorhang) ist eine Haushaltsleiter aufgestellt.

1. Auftritt

Turmglocke
☞ *von rechts*
Guten Tag! Ich bin die Turmglocke. Die Leiter dort ist mein Turm. Dies hier
☞ *zeigt*
ist die Grauweißstraße unserer Stadt. Da wohnen Leute wie sonst überall – mit einer Ausnahme vielleicht. Es ist Winter, ein paar Tage vor Weihnachten. Ich steige jetzt hinauf und läute die Zeit: sieben Uhr morgens.
☞ *steigt auf die Leiter, setzt sich und läutet siebenmal*

Tobbi ☞ *mit Zeitungstasche von links*
Puh, ist das eine Kälte! Brauche dringend neue Handschuhe. So, eine für Baumann!
☞ *steckt eine Zeitung in den Einwurf*
Hinein damit!
☞ *haucht in die Hände*

Fred ☞ *mit Brötchentüten im Korb von rechts*
Hallo, Tobbi!

Tobbi Hallo, Fred! Aus der warmen Backstube in den kalten Wintermorgen?

Fred Ist nicht so schlimm. Die Brötchen hier in der Straße sind schnell ausgeteilt.

Tobbi Zu Mulanus brauchst du sicher nicht hinein?

Fred ☞ *schüttelt verneinend den Kopf*
Nö!

Tobbi Die Zeitung bekommt er auch nicht. Lebt ganz zurückgezogen. Weißt du eigentlich, warum?

Fred Er war nicht immer so, hat mein Meister gesagt. Soll mal ein bekannter Musiker gewesen sein. Pianist, glaube ich. Damals kaufte er sich diese Villa mit dem Park drumherum. Dann hatte er einen Unfall. Seitdem ist sein linker Arm gelähmt.

Tobbi Und da zog er sich zurück?

Fred Er hatte ja viele Freunde, aber wie das so ist ...

Tobbi Es wurden immer weniger, denk ich.

Fred Er war wohl ziemlich enttäuscht. Irgendwann ließ er dann die Mauer bauen.

Tobbi Und die Nachbarn?

Fred Was meinst du?

Tobbi Sie könnten doch mal mit ihm reden, ihn einladen und so.

Fred Geht wohl jedem aus dem Weg. Und die alte Marie, die ihm den Haushalt führt ...

Tobbi Ich weiß, die redet auch nicht viel. – Was macht er nur den ganzen Tag?

Fred Manchmal klimpert er auf dem Klavier. So wie mit einer Hand, verstehst du?

Tobbi Stimmt, hab ich schon gehört.

Fred Es heißt, er komponiert.

Tobbi Komponiert?

Fred Na, Lieder und so was. Erfindet er.

Tobbi Mann, ist das kalt! Ich muss gehen. Um halb neun fängt meine Schule an. – Weißt du, eigentlich möchte ich mal gern da hinein.

☞ *zeigt über die Mauer*

Fred Das möchten auch andere, die jüngeren Kinder vor allem. Aber seit die Mauer da ist ...

Tobbi Du, Fred, ich hab eine Idee. Ich steck ihm einfach mal 'ne Zeitung in den Postkasten.

Fred Ob er da überhaupt reinguckt? Er kriegt doch kaum Post!

Tobbi Aber die alte Marie, die müsste gleich kommen.

☞ *steckt eine Zeitung in den Kasten*

Fred Weißt du was, Tobbi! Ich stelle 'ne Tüte Brötchen dazu. Ist ja bald Weihnachten.

☞ *stellt eine Brötchentüte auf den Kasten*

Tobbi Klasse Idee, Fred!

Fred Hoffentlich frisst sie der Rabe nicht!

Tobbi Was für ein Rabe?

Fred Weißt du das nicht? Er hat einen Raben großgezogen. Mit dem redet er sogar. Bis bald, Tobbi!

☞ *links ab*

Tobbi Bis bald, Fred!
☞ *zu sich:*
Er redete mit den Tieren. Wer war das noch? Irgend so ein Heiliger.

☞ *rechts ab*

2. Auftritt

☞ *Tanja, Olaf und Timm mit Schulzeug von rechts*

Olaf Heute müsste es eigentlich Schneefrei geben!

Timm Wenigstens einen Schneemann könnten die Lehrer mit uns bauen.

Tanja Aber wo? Etwa auf dem Schulhof?

Olaf Da bleibt er nicht lange ganz.

Tanja In dem Park dort, hinter der Mauer, da könnte man toll spielen.

Timm Und einen Schneemann bauen, einen riesengroßen!

Olaf Du mit deinem Schneemann!

Tanja Wo bleibt Betty? Ich klingle mal.
☞ *Sie klingelt bei Baumann. Betty und ihre Mutter erscheinen.*

Betty Tschüss, Mutti! Sieh mal, alles weiß!

Frau Baumann Zauberhaft! So war es lange nicht mehr. Also Kinder, passt gut auf euch auf!

Tanja Ist doch klar, Frau Baumann!
☞ *Frau Baumann nimmt die Zeitung aus dem Kasten und geht ins Haus.*

Olaf Hej, es wird Zeit! Da hinten kommt schon die Lehrerin.
☞ *(Die ersten Takte der Melodie erklingen.)*
Hört ihr, da spielt er wieder!

Timm Der Mulanus. Auf dem Klavier.

Tanja Er komponiert, nicht wahr, Betty? Klingt aber ein bisschen traurig.
☞ *blickt auf den Briefkasten bei Mulanus*
Du, guck mal, da steckt ja 'ne Zeitung! Und oben drauf steht ...

Betty ... 'ne Tüte Brötchen! Hab ich noch nie dort gesehn!
☞ *(Die Melodie erklingt.)*

Lehrerin ☞ *von rechts*
Guten Morgen, Kinder! Kommt, damit ihr nicht festfriert!

Timm Hören Sie, Frau Veilchen? Er spielt wieder Klavier. Er komportiert.

Lehrerin Komponiert, meinst du. Da ist er heute aber früh dran, der alte Herr Mulanus.

Timm Kennen Sie das Lied, Frau Veilchen?

Lehrerin Wie soll ich es kennen, wenn er es gerade erst komponiert? Ich weiß auch nicht, ob es ein Lied werden soll. Aber nun kommt! Ihr könnt euch ja einen Text dazu ausdenken. Die Melodie ist recht einprägsam.
☞ *Alle links ab, die Melodie mitsummend oder trällernd.*

3. Auftritt

Turmglocke In der Grauweißstraße ist es an diesem Morgen ziemlich ruhig. Nur wer unbedingt hinaus muss, geht bei diesem Wetter vor die Tür. Aber da fliegt der Rabe des Herrn Mulanus durch den Park, und jetzt ...
☞ *Der Rabe setzt sich auf die Mauer.*
setzt er sich auf die Mauer.

Jakob Quarrk! Quarrk!

Turmglocke Das ist seine übliche Begrüßung.
☞ *zum Raben:*
Vielleicht solltest du den Leuten mal deinen Namen verraten!

Jakob Rrakob! Rrakob!

Turmglocke Das soll natürlich „Jakob“ heißen. Die meisten Raben heißen so. Ich bin gespannt, was er anstellt! Oh, seht mal: schon hat er die Brötchentüte entdeckt!

Jakob ☞ *hüpft über Mauer und Tor in Richtung Brötchentüte*
Quarrk! Quarrk!

Turmglocke Zum Glück kommt in diesem Augenblick die alte Marie.

☞ *Marie kommt von links.*

Jakob Quarrk! Ouarrk!

Marie Aber Jakob! Was gibt es denn? Ziemlich kalt heute Morgen, nicht wahr?

Jakob Wahrr! Wahrr!

Marie ☞ *erblickt Zeitung und Brötchen*

Was ist das denn?

Jakob Quarrk! Quarrk!

Marie Du mit deinem Quarrk! Eine Zeitung ist's. Die von heute sogar. Und das ...

☞ *öffnet die Tüte und blickt hinein*

sind Brötchen. Wer hat die hierher gestellt? Und für wen sind sie?

☞ *nach kurzem Überlegen:*

Weißt du was, Jakob: du nimmst die Zeitung

☞ *steckt sie ihm in den Schnabel*

und ich die Brötchen. Und beides bringen wir dem Herrn Mulanus. Da bin ich gespannt, was er sagen wird.

☞ *Sie geht durch das Tor. Jakob nach hinten ab.*

4. Auftritt

Turmglocke Da ist noch jemand unterwegs: Timms Mutter, Frau Fischer. Sie arbeitet im Supermarkt.

☞ *Frau Fischer, vermummt und mit Einkaufstasche von rechts nach links.*

Guten Morgen, Frau Fischer!

☞ *Frau Fischer reagiert nicht.*

Sie hört mich nicht. Und dann eilt der Postbote vorbei.

☞ *Postbote von links nach rechts, wirft bei Baumann einen Brief ein.*

Für Mulanus hat er nur selten was. Die Kinder sind in der Schule. Der Morgen vergeht. Zwölf Uhr.

☞ *läutet 12-mal*

Endlich ist die Schule zu Ende.

☞ *Tanja, Betty, Olaf und Timm von links.*

Olaf Schneefrei gibt's nicht, soll der Rektor gesagt haben.

Timm Wir im dritten Schuljahr wollten einen Schneemann bauen, aber Herrn Weidenstock war es zu kalt. Er ließ uns einen Aufsatz schreiben. Thema: Wie man einen Schneemann baut.

Olaf Typisch Weidenstock!

Tanja Da war's bei uns im Vierten etwas gemütlicher. Zuerst haben wir uns einen Vers für die Melodie ausgedacht.

Timm Für welche Melodie?

Tanja Für die von heute Morgen, die wir gehört haben. Von dem Herrn Mulanus.

Timm Ach die! Und?

Betty, Tanja und Olaf
☞ *singen:*
Kalt ist der Winter, kalt ist der Schnee;
weiß sind die Felder, weiß ist der See ...

Timm Weiter?

Betty Geht nicht weiter. Ich meine, wir wissen nicht, wie es weitergeht.

Timm Ziemlich öde!

Tanja Du kannst ja den Schluss dazu erfinden!

Timm Ich bin doch kein Kom ... Komponist.

Olaf Was ist nun? Gehen wir heute Nachmittag raus?

Tanja So um drei?

Timm Ja, aber einen Schneemann bauen!

Betty Kommt ihr hierher?

Tanja Na gut. Mit den Hausaufgaben sind wir heute schnell fertig.
☞ *Tanja, Olaf und Timm rechts ab. Betty klingelt an der Haustür. Die Mutter öffnet.*

Frau Baumann Ach, da bist du ja. Komm 'rein, mein Kind!
☞ *beide ins Haus*

5. Auftritt

Turmglocke Gegen eins hat die alte Marie ihren Dienst beendet. Auch Frau Veilchen kommt um diese Zeit aus der Schule zurück.

☞ *Marie kommt aus dem Tor. Jakob erscheint neben ihr auf der Mauer und folgt ihr nach links.*

Marie So, Jakob, nun sei lieb und flieg wieder zurück!

Jakob Quarrk. Quarrk!

Marie Nun flieg! Sei ein braver Rabe!

Lehrerin ☞ *von links, den Vogel nicht bemerkend*
Tag Marie! Wie geht es Ihnen?

Marie Danke, Frau Veilchen! Recht gut!

Lehrerin Und Ihrem einsamen Herrn Mulanus?

Marie Dem auch!
☞ *blickt sich um, dann vertraulich:*
Stellen Sie sich vor: Heute steckte in seinem Briefkasten die Tageszeitung. Und oben darauf stand eine Tüte mit Brötchen.

Lehrerin Hatten Sie die bestellt?

Marie Ach was. Niemand hat sie bestellt. Das ist es ja. Als ich sie ihm gebracht hab', hat er mich zuerst richtig böse angesehen, so!
☞ *macht ein grimmiges Gesicht*

Lehrerin ☞ *weicht lachend zurück*
Und dann?

Marie Dann hat er gemütlich gefrühstückt und die Zeitung gelesen. Und dann hat er gesagt, das möchte er gerne so beibehalten.

Jakob Quarrk! Quarrk!

Lehrerin ☞ *erschrocken*
Huch! Wer ist das denn?

Marie Ach, das ist der Rabe, den er großgezogen hat. Neuerdings begleitet er mich immer bis zur Mauer. Ich muss schon sagen: ein kluges Tier.

Lehrerin Tatsächlich!

Marie Nun ist gut, Jakob! Flieg zurück!

Lehrerin Und bestell deinem Herrn schöne Grüße!

Jakob Rrakob! Grrüße!
☞ *ab*

Lehrerin So was! Das ist ja 'n Ding!

Marie Auf Wiedersehn, Frau Veilchen!
☞ *links ab*

Lehrerin Auf Wiedersehn, Marie!
☞ *die Melodie summend rechts ab*

6. Auftritt

Turmglocke Es scheint heute ein besonderer Tag zu sein, wenigstens für den Herrn Mulanus. Es wird gleich fünfzehn Uhr und man darf gespannt sein, wie es weitergeht.
☞ *läutet dreimal*

Betty ☞ *vor die Haustür tretend*
Wir wollen einen Schneemann bauen, vielleicht auch ein Schneehaus.

Frau Baumann
☞ *in der Tür*
Doch nicht hier auf der Straße?

Betty Nein, mal sehen! Ich warte auf die anderen.

Frau Baumann Ist gut, Betty. Sei pünktlich zu Hause!
☞ *ab*

Betty Ich könnte schon mal anfangen.
☞ *pappt einen Schneeball zusammen*
Der Schnee pappt gut.
☞ *wirft den Schneeball über das Tor*
Da drüben, da könnte man gut ein Iglu bauen, ein ganz großes!

Olaf ☞ *von rechts*
Eher kommen wir nach Grönland zu den Eskimos als da hinein.

Betty Ach, du Olaf! Und wo sind Tanja und Timm?

Olaf Die kommen gleich. Timm hat ein Loch im Strumpf. Jetzt sucht er andere Socken, findet aber keine. Seine Mutter ist ja nicht da.

Betty Der hat vielleicht Sorgen!

Olaf Tanja wartet auf ihn.

Betty Gut, wird wohl nicht so lange dauern!
☞ *Die Melodie erklingt. Betty stimmt ein:*
... kalt ist der Schnee;
weiß sind die Felder, weiß ist der See.

Olaf Wie oft spielt der das wohl noch?

Betty Keine Ahnung!
☞ *der Schlussteil erklingt*
Da, hörst du?

Olaf Klar! Das war aber was Anderes.

Betty Es gehört zusammen. Der zweite Teil war's. Oder der Schluss.
☞ *Wieder setzt die Melodie ein.*
Da! Pass auf!
☞ *Die vollständige Melodie erklingt.*

Olaf Zum Schluss klingt's lebhafter.

Betty Ja, fröhlicher!
☞ *Sie wiederholt die Schlussakkorde:*
„La, la ..."

Tanja ☞ *von rechts*
Was ist denn hier los? Gibst du ein Straßenkonzert?

Betty Wir warten auf euch. Und wo ist Timm?

Tanja Kommt gleich um die Ecke. Der nervt vielleicht! Hat keine Socken gefunden, sagt er. Und nun friert er und jammert.

Timm ☞ *humpelnd und verdrießlich von rechts*
Wenn ich doch ein Loch im Strumpf habe! Und jetzt friert mich am dicken Zeh.
☞ *setzt sich auf Baumanns Türschwelle und reibt den Fuß*

Betty Du kannst zu uns gehen und dich aufwärmen!

Timm Will ich aber nicht!

☞ *Die Melodie erklingt, zunächst mit den Anfangsakkorden.*
Betty und Tanja stimmen ein:

Betty, Tanja und Olaf
Kalt ist der Winter, kalt ist der Schnee.
Weiß sind die Felder, weiß ist der See.

☞ *Die Schlussakkorde klingen auf.*
Danach parodiert Timm mit gereizter Stimme:

Timm Und wenn mein Strumpf ein Loch hat,
friert mich am dicken Zeh.

☞ *Die anderen sehen ihn überrascht an.*

Betty Mensch Timm, das reimt sich ja!

Timm Na und?

Olaf Richtig fetzig!

Timm Na und?

Tanja Los, wir singen's noch mal! Das Ganze!
☞ *Sie beginnt, die andern stimmen ein, den Schluss laut und ausgelassen wiederholend:*

Alle Kalt ist der Winter, kalt ist der Schnee.
Weiß sind die Felder, weiß ist der See.
Und wenn mein Strumpf ein Loch hat,
friert mich am dicken Zeh.

Jakob ☞ *auf der Mauer*
Quarrk! Quarrk!

Timm ☞ *zeigt auf den Raben*
Hej, guckt mal! Da!

Betty Der Rabe von Mulanus muss das sein!

Tanja und Olaf Von Mulanus?

Betty Den hat er doch gezähmt. Jakob heißt er.

Jakob Rrakob! Rrakob!

Olaf Mensch, der spricht!

Jakob ... prricht! ... prricht!

Timm Habt ihr das gehört?

Jakob Hörrt! Hörrt!

☞ *Die Kinder lachen.*

Mulanus ☞ *hinter der Mauer*
Jakob, wer hat denn da gesungen?

☞ *Die Kinder stehen wie gebannt.*

Jakob Quarrk! Quarrk!

Mulanus Ein Lied war's! Mit meiner Melodie.

Jakob ☞ *rückt zum Tor*
Hierr! Hierr!

Mulanus ☞ *tritt durch das Tor*
Wo, hier?
☞ *sieht die Kinder, weicht einen Schritt zurück und spricht dann unsicher:*
Seid ihr das gewesen? Ich meine, habt ihr gesungen?

Betty Gesungen? Ja, so mehr zufällig! Sind Sie der Herr Mulanus?

Mulanus Ja, so mehr zufällig! Ich meine: Wieso zufällig? Woher kennt ihr die Melodie?

Betty Wir haben sie zufällig gehört, und dann haben wir dazu gesungen.

Mulanus Wo habt ihr sie gehört?

Tanja Na, als Sie gespielt haben!

Timm Auf dem Klavier! Als Sie kom... komponiert haben!

Mulanus Das habt ihr gehört?

Jakob Hörrt! Hörrt!

Olaf So von Weitem nur! Über die Mauer weg!

Mulanus So, so: über die Mauer weg! Was macht ihr denn hier?

Tanja Ach, wir spielen.

Timm Wir wollen einen Schneemann bauen.

Mulanus Einen Schneemann? Hier?

Timm Ja, auf dem Bürgersteig.

Mulanus So, so, ja: auf dem Bürgersteig. Hm, da ist aber wenig Platz für einen Schneemann!
☞ *Kinder zucken die Schulter*

Timm Wo sollen wir ihn sonst bauen?

Jakob Parrk! Parrk!

Mulanus Was sagst du, Jakob?

Jakob Parrk! Parrk!

Mulanus Park? Wie meinst du das? Ach so: in meinem Park!
☞ *sinnend:*
In meinem Park einen Schneemann bauen?
☞ *zu den Kindern:*
Ja, wenn ihr das möchtet!

Betty Gern!

Olaf Klar, wollen wir!

Jakob Kraar! Kraar!

Mulanus Dass ich nicht selbst darauf gekommen bin! Also gut, dann kommt nur herein!
☞ *winkt*
Aber nachher müsst ihr mir das Lied noch mal singen!

Tanja Kein Problem!

Mulanus Ich helf euch dafür beim Schneemannbauen. So gut ich kann.

☞ *Die Kinder gehen durch das Tor, zuletzt Timm.*

Timm Jetzt ist mir ganz warm geworden. Selbst mein Zeh ist warm.

Jakob Uarrm! Uarrm!
☞ *ab*

7. Auftritt

Turmglocke Für die Kinder ist der Park des Herrn Mulanus ein Paradies. Sie stöbern umher, bauen ihren Schneemann und vergessen die Zeit. Und der Herr Mulanus ist so beschäftigt, dass er sie ebenfalls vergisst.
☞ *läutet fünfmal*

Frau Baumann
☞ *aus dem Haus tretend*
Fünf Uhr. Jetzt müsste Betty allmählich nach Hause kommen. Wo sollte sie denn hingegangen sein?
☞ *geht unsicher hin und her*

Tobbi ☞ *eilig von rechts*
Tag, Frau Baumann!

Frau Baumann Guten Tag, Tobbi! Hast du die Kinder gesehen?

Tobbi Nein, mir ist niemand begegnet. Vielleicht sind sie nach da gegangen, Richtung Schule!
☞ *zeigt nach links*

Frau Baumann Kann schon sein. Danke, Tobbi! Sie werden wohl bald kommen.

Tobbi Na klar, Frau Baumann!
☞ *links ab*

Frau Baumann Ich gehe auch mal dort hinunter.
☞ *geht ein paar Schritte nach links*
Ach, da kommt ja Frau Fischer.
Vielleicht weiß sie ...

Frau Fischer Guten Tag, Frau Baumann! Guten Abend, muss ich wohl besser sagen.

Frau Baumann Hallo, Frau Fischer! Ja, das ist es eben. Es wird bald dunkel und die Kinder sind noch unterwegs. Ich denke, Timm ist auch dabei.

Frau Baumann Wenn ich das wüsste! Ich hoffte schon, Sie hätten sie unten bei der Schule gesehen.

Frau Fischer Wie ich meinen Timm kenne, reicht es ihm, wenn er die Schule morgens sieht. Vielleicht sind sie bei uns in der Nähe.
☞ *deutet nach rechts*
Wissen Sie was, Frau Baumann, wenn ich sie sehe, schicke ich Betty nach Hause. Machen Sie sich keine Sorgen!
☞ *will gehen, als sie Frau Veilchen erblickt und stehen bleibt*
Da kommt Frau Veilchen.

Lehrerin ☞ *von rechts*
Guten Abend zusammen!

Frau Fischer Guten Abend, Frau Veilchen!

Frau Baumann Ach, Frau Veilchen, guten Abend! Entschuldigen Sie!

Lehrerin ☞ *bleibt stehen*
Ja, bitte?

Frau Baumann Haben Sie vielleicht unsere Kinder gesehen?

Lehrerin Betty und Timm?

Frau Baumann Ja, Betty und Timm. Wahrscheinlich sind Tanja und Olaf auch dabei.

Lehrerin Sie sind mir nicht begegnet.

Frau Baumann Danke! Es ist nur ... ich kann mich sonst auf Betty verlassen. Jetzt im Winter ist sie um fünf meistens zu Hause.

Lehrerin ☞ *blickt auf ihre Armbanduhr*
Na ja, es ist ein paar Minuten drüber. Kein Grund zur Aufregung. Es sind doch vernünftige Kinder!
☞ *Aus dem Park hört man Kinderlachen. Dann erklingt das Lied. Links auf der Mauer zeigt sich Jakob.*

Kinder
Kalt ist der Winter, kalt ist der Schnee;
weiß sind die Felder, weiß ist der See.
Und wenn mein Strumpf ein Loch hat,
friert mich am dicken Zeh.

Frau Fischer Was ist das? Wo kommt das her?

Frau Fischer Das sind sie! Ich hab Timm herausgehört.

Frau Baumann Bettys Stimme war auch dabei! Aber in Mulanus' Park? Das kann doch nicht sein!

Jakob Rohrr! Rohrr!

Lehrerin Da sitzt der Rabe. Was ruft der denn?

Jakob Rohrr! Rohrr!

Frau Fischer Rohr? Oder Ohr?

Frau Baumann Oder Tor! Vielleicht spielen sie da Fußball! Ach, Unsinn! Ich bin ganz durcheinander!
☞ *Jakob hüpft nach rechts zum Tor. Dann ab.*

Lehrerin Er meint, wir sollen zum Tor kommen.
☞ *geht zum Tor*
Es ist auf!
☞ *blickt durch die Öffnung*
Sehen Sie sich das an!
☞ *Die beiden anderen drängen sich hinzu.*
Da geht es ja recht lustig zu!

Frau Fischer Sie haben einen Schneemann gebaut. Schön groß!

Frau Baumann Der ihm gerade den Hut aufsetzt, ist Herr Mulanus.

Frau Fischer Und was machen sie jetzt?

Lehrerin Sie gehen zur Mauer. Alle. Sie stemmen sich dagegen, als wollten sie ein Stück herausbrechen.

Frau Baumann
☞ *aufgeregt*
Da! Da bricht sie schon auseinander!

☞ *Aus der Mitte der Mauer bricht von oben bis unten ein großes Stück heraus.*

Frau Fischer Was soll das denn bedeuten?

☞ *Ein zweites Mauerstück bricht heraus. Mulanus steht mit den Kindern in der Lücke. Er sieht die Frauen.*

Mulanus Ach, guten Tag, meine Damen! Kommen Sie nur näher heran!

☞ *Die Frauen gehen zur Lücke.*

Betty Hallo, Mutti! Guck mal, was für ein schöner Schneemann!

Tanja Den haben wir gebaut.

Frau Baumann Und wir haben uns schon Sorgen um euch gemacht.

Mulanus Oh, das tut mir leid, meine Damen! Wir waren so beschäftigt ...

Timm Herr Mulanus hat uns nämlich geholfen!

Mulanus Na ja, ein wenig, so gut es ging.

Timm Und nun, hat er gesagt, will er die Mauer abreißen.

Olaf Mauern zwischen Menschen sind nicht gut, hat er gesagt.

Mulanus Nun ja, nun ja, es muss nicht gerade heute sein. Aber wenn Sie mithelfen, könnten wir dieses Stück noch schaffen.

Tobbi ☞ *von links*
Was ist denn hier los?

Fred ☞ *von rechts*
Was ist denn hier los?

Kinder Wir reißen die Mauer ein. Helft mit!

Fred und Tobbi Die Mauer einreißen? Klar, da helfen wir.

Alte Marie
☞ *von links*
Darf ich auch mithelfen?

Lehrerin Jeder kann mithelfen.

Alle Mauern zwischen Menschen sind nicht gut.

Mulanus Reißt die Mauern ein!

Alle Ja, wir reißen die Mauern ein.

☞ *Sie brechen die Mauer ganz ab.*
Die Beleuchtung konzentriert sich auf den Platz vor dem Haus Mulanus. Die Umgebung erscheint dunkler.

Turmglocke
☞ *steigt so weit herab, dass sie in der Mitte der Leiter steht.*
Zum Publikum:
Da habt ihr nun einen Blick auf den Schneemann, auf das Haus und die Bäume! Hübsch, nicht wahr? So einfach wie in unserem Spiel ist es natürlich im richtigen Leben nicht, Mauern einzureißen. Mauern zwischen Menschen, meine ich.
☞ *während sie ganz herabsteigt:*
Aber einer fehlt doch noch ...

Jakob ☞ *Spieler des Jakob mit Puppe auf der Hand von links:*
Rrakob! Rrakob!

Turmglocke
☞ *zu ihm tretend*
Richtig, der Jakob! Du hast schließlich in unserem Stück eine wichtige Rolle gespielt.

Jakob Quarrk! Quarrk!

Turmglocke Angefangen hat es am Morgen, mit einem Lied. Und mit dem soll es nun, am Abend, auch aufhören:

Alle ☞ *tanzen um den Schneemann und singen:*
Kalt ist der Winter, kalt ist der Schnee;
weiß sind die Felder, weiß ist der See.
Und wenn mein Strumpf ein Loch hat,
friert mich am dicken Zeh.
Und wenn mein Strumpf ein Loch hat,
friert mich am dicken Zeh.

☞ *Verbeugung. Vorhang.*

Hinweise zum Spiel

Beim Bau der Kulissen stellt **die Mauer** das größte Problem dar. Überzeugend lässt es sich durch die Verwendung von Styroporblöcken lösen, die allerdings ihren Preis haben. Als Endstücke kann man links und rechts entsprechend verkleidete Turnkästen in die Mauer einbeziehen. An diese lassen sich mit Klebeband Leisten anbringen, die wiederum zur Befestigung einer Dachlattenkonstruktion dienen können. Auch **das kleine Tor**, ein Rechteck aus Karton, ließe sich daran anheften, ebenso wie der Briefkasten, den man aus einem Paket basteln kann.

Das Haus des Mulanus malt man samt winterlichen Bäumen auf zusammengeklebte Tapeten und befestigt diese an der Bühnenrückwand.

Das Haus Baumann vorne rechts muss eine stabilere Konstruktion sein. Viele Schulen haben für solche Zwecke wieder verwertbare Kulissen. Auch dort muss ein Briefkasten angebracht werden.

Den Schneemann schneidet man aus Styroporplatten zurecht, heftet die einzelnen Teile auf einen Holzständer und malt sie an.

Als **Schnee** auf Mauern und Simsen dient Watte. Entlang der vorderen Bühnenkante werden zur Andeutung von Schnee Streifen aus Styropor befestigt.

Der Rabe Jakob ist eine größere Handpuppe, wie man sie im Handel kaufen kann.

Bühnenbild mit Vorhang

Bühnenbild ohne Vorhang

Kleines Krippenspiel

Für die traditionelle Weihnachtsfeier

Über dieses Spiel
Spiel in Versen für Kinder vom 3. Schuljahr an

Krippenspiele gibt's genug. Trotzdem ist es immer wieder schwer, ein passendes zu finden. Das nachfolgende ist bewusst kurz gefasst und eignet sich gut als zentrale Vorführung einer Weihnachtsfeier, die ein am Bibeltext orientiertes Stück darbieten möchte.

Aufwändige Kulissen sind nicht notwendig. So können vor oder nach dem Spiel ohne große Umstellungen andere Darbietungen auf der Bühne erfolgen.

Die Versform unterstreicht den traditionellen Charakter. Sie macht das Auswendiglernen leichter, nicht aber das Vortragen. Das sattsam bekannte „Leiern" hat schon manchen Zuschauer vergrault. Als Spracherzieher, die wir im Unterricht ja immer sind, werden wir dem entgegensteuern. Die Form der Dialoge unterstützt stellenweise dieses Ansinnen.

Im Übrigen hilft die Mahnung: „Immer schön langsam!"

Anlass
Weihnachtsfeier

Spielort
Jeder größere Raum, auch in der Kirche. Ein Vorhang ist nicht erforderlich. Rechts kann die Außenwand der Herberge angedeutet werden. In der Mitte steht die Krippe mit einem Hocker daneben. Sie bleibt in der ersten Szene durch eine leicht zu entfernende Kulisse verstellt, die als Eingangstor zum Stall gestaltet werden kann. über der Krippe ein leuchtender Stern mit einem Schweif.

Musik
Instrumentenspiel und Gesang nach eigener Entscheidung

Dauer
ca. 15 Minuten

Mitwirkende
- 1., 2. und 3. Engel,
- Maria,
- Josef,
- Wirt,
- 1., 2., 3. 4. und 5. Hirte,
- 1., 2. und 3. Weise,
- Frauen, Männer, Kinder

Anmerkung:
Wer statt der Weisen lieber Könige auftreten lassen möchte, braucht den Text nur geringfügig zu ändern.

1. Szene

Drei Engel
☞ *treten nach vorn, zum Publikum:*
Wir sind drei Boten aus himmlischer Schar;
die Frohe Botschaft bringen wir dar.
Wir wollen verkünden und euch berichten
die schönste von allen schönen Geschichten,
die damals vor zweitausend Jahren begann,
in Bethlehem nach Gottes Plan.
☞ *treten zurück an den Bühnenrand, einer nach links, einer nach rechts und einer nach hinten neben das Stalltor*

☞ *Josef und Maria von rechts*

Maria Ach Josef, wie war der Weg so weit!

Josef Wir sind am Ziel. Es wurde Zeit.
Will sehn nun, wer in Davids Stadt,
ein Zimmer für uns beide hat.

Maria „Uns drei“ meinst du. – Das Kind in mir,
geboren wird es ja wohl hier,
in Bethlehems ehrwürd'gen Mauern.
Ich spür: Nicht lange mehr wird's dauern.

Josef Sieh nur, die Herberge am Hange!
Schon kommt der Wirt mit schnellem Gange.

Wirt ☞ *tritt vor die Herberge. Maria und Josef beobachten ihn.*

Maria Doch nicht zu uns! Jetzt bleibt er stehn.

Wirt ☞ *zum Stern blickend, sinnend*
Ich muss noch mal den Stern besehn:
hoch über uns, grad im Zenite,
als wären wir der Welten Mitte.

Josef Verzeiht, Herr Wirt, gegrüßt seid Ihr!
Wir suchen noch ein Nachtquartier.

Wirt ☞ *bedauernd*
Mein Haus ist voll, geht nichts mehr rein;
ganz Bethlehem ist heut zu klein.
☞ *Er betrachtet die beiden. Nach einer Pause:*
Mir scheint, wenn ich euch recht besehe ...

Maria Bin guter Hoffnung!

Wirt Ich verstehe!
Trotzdem: Mein Haus ist wirklich voll.
Weiß nicht, wie ich euch helfen soll.
☞ *überlegt, dann lebhaft und zur Krippe zeigend:*

Im Stall vielleicht, dort bei den Tieren!
Da wäre Stroh! Braucht nicht zu frieren!
Kommt nur! Ich richte es schon her,
Heut findet ihr nichts Bessres mehr!

☞ *geht nach hinten*

Maria und Josef Habt vielen Dank!

☞ *folgen ihm*

Wirt Geht nun zur Ruh!
Der Stern dort leuchte euch dazu!

☞ *Alle gehen nach hinten ab.*

2. Szene

Drei Engel

☞ *kommen nach vorn*

In Bethlehem in dieser Nacht
wurde das Kind zur Welt gebracht,
das Gott zu seinem Sohn erkor.
So künden wir, der Engel Chor,
allüberall, damit es werde
Frieden auf der ganzen Erde!

Kommt nach Bethlehem und schauet
Gott, der sich euch anvertrauet
in dem Kinde Jesus Christ,
das für euch geboren ist!

☞ *Sie räumen die Kulisse vor dem Stall beiseite und gehen an ihren vorherigen Platz. Maria sitzt neben der Krippe. Josef steht neben ihr.*

Maria Ach Josef, ist das Kind nicht fein?

Josef Doch, doch, Maria! Nur ... so klein,
so zart! Die Augen aber klar!

Maria Ich find es einfach wunderbar!

Josef Hätt nie gedacht, dass unser Kind
sein Bett in einer Krippe find!

Maria Auf Stroh schläft es sich gar nicht schlecht.

Josef In einem Stall!

Maria Es ist schon recht.
Ich weiß in meinem Herzen drin.
's ist Gottes Plan!

Josef Dann macht es Sinn!

☞ *Die Hirten kommen von links hinten und bleiben dort zögernd stehen.*

1. Hirte Wir grüßen euch, ihr frommen Leute!

2. Hirte Eine Stimme war da!

3. Hirte Auf dem Felde heute!

4. Hirte Als wir da nachts bei den Schafen lagen!

5. Hirte Und diese Stimme hörten wir sagen ...

1. Hirte Sie sagte, wir sollten nach Bethlehem gehn,
dort sei soeben ein Wunder geschehn.

2. Hirte Ein Kind sei geboren, die Welt zu erlösen!

3. Hirte Ein Retter der Armen, der Sünder und Bösen!

4. Hirte Und ein Licht, das wies uns zu diesem Haus.

5. Hirte Und da ist das Kind! Hübsch schaut es aus!

Maria Kommt nur ein wenig näher ran!

☞ *Die Hirten kommen vorsichtig näher.*

1. Hirte

☞ *feierlich*

Das hat uns Gott zum Heil getan!
Lasst uns darum in Andacht schweigen
und vor dem Kinde uns verneigen.

☞ *Sie neigen den Kopf und bleiben andächtig im Halbrund hinter der Krippe stehen.*

☞ *(Zwischenmusik – An dieser Stelle kann ein Flötenspiel eingefügt werden.)*

3. Szene

Wirt ☞ *von rechts, aufgeregt, im Eingang stehenbleibend*

Drei Herren stehn im Hof dahinten.
Sie hoffen, hier ein Kind zu finden!
Dazwischen andre Menschen drängen
und alle schauen hoch und hängen
mit ihren Blicken an dem Stern
und loben, preisen Gott den Herrn!
Was Großes soll geschehen sein!

Maria Gott rief sie. Lasst sie nur herein!

☞ *Der Wirt gibt den Eingang frei. Die drei Weisen treten hervor, bleiben aber noch am Rand stehen.*

1. Weise

☞ *sich und seine Gefährten vorstellend*

Drei Weise aus dem Morgenland.

☞ *Sie verneigen sich höflich.*

2. Weise Von weit her durch der Wüste Sand,
durch Täler, über steile Höhen
wanderten wir, dies Kind zu sehen.

3. Weise Das sich, wie uns verheißen ward,
als König der Juden offenbart.

1. Weise Wegweiser war uns der Komet,
der über Bethlehem nun steht.

2. Weise Wir folgten ihm zur Krippe her:

3. Weise Gott in der Höh sei Dank und Ehr!

1. Weise Aus unsern fernen Ländern haben
wir mitgebracht kostbare Gaben:

☞ *Sie treten im Folgenden jeweils vor, legen die Geschenke ab und bleiben an der Krippe stehen.*

2. Weise Ich schenke Weihrauch.

3. Weise Ich lege dir
Myrrhe auf die Krippe hier.

1. Weise Ich schenke Gold zu Gottes Ruhm
und seines Sohnes Königstum!

Maria Habt Dank, ihr Herren!

1. Weise Dank gebührt
dem großen Gott, der uns geführt!

☞ *Die drei Engel kommen nach vorn und stellen sich so auf, dass sie die anderen nicht verdecken. Sie sprechen laut und getragen. Während ihrer Aufrufe kommen nach und nach Frauen, Männer und Kinder herein und schließen den Halbkreis um die Krippe.*

1. Engel Kommt alle her nun! Habt Vertrauen!
Kommt, Gott im Kinde anzuschauen!

2. Engel Kommet, ihr Jungen und ihr Alten!
Gott lässet seine Güte walten.

3. Engel Kommt nur herbei, ihr Schwachen, Kranken!
Gott liebt euch. Kommet, ihm zu danken!

1. Engel Kommt her, ihr Starken und ihr Reichen!
Auch euch gilt Gottes Gnadenzeichen!

Drei Engel Gott schenkt euch allen seinen Segen!
Er ruft euch, kommt euch schon entgegen!

☞ *Alle singen ein ausgewähltes Weihnachtslied.*

Weihnachten ist doch keine Stadt

Für die Kleinen ausgedacht

Weihnachten ist doch keine Stadt

Für die Kleinen ausgedacht

Über dieses Spiel

Ein Spiel für die Kinder der ersten Klasse, die dabei von zwei Kindern aus dem 2. oder 3. Schuljahr unterstützt werden.

Was machen wir bloß auf der Weihnachtsfeier mit dem ersten Schuljahr? Mit dem Lesen hapert es noch und die Auswahl an geeigneten Singspielen und Liedern hält sich in Grenzen.

Aus diesem Problem heraus ist das nachfolgende Spiel entstanden. Es ist ansprechend und stellt in seinem Dialog den Sinn des Weihnachtsfestes heraus. Abschließend ruft es die Kinder der Anfangsklasse(n) zu einer Polonäse auf, bei der ein weihnachtliches Lied gesungen wird. Danach können sie, wenigstens für eine Weile, wieder stillsitzen und zuhören.

Gut zu spielen nach der Auftaktmusik zu Beginn der Schulweihnachtsfeier.

Anlass
Schulweihnachtsfeier

Spielort
Aula, Turnhalle, Saal

Musik
Playback oder Instrumentenbegleitung zum ausgesuchten Lied

Dauer
ca. 15 Minuten

Mitwirkende
- ✧ Sebastian Hupf, der Lokomotivführer (gespielt von einem Jungen aus dem 2. oder 3. Schuljahr);
- ✧ Alma, die Lokomotive (gespielt von einem Mädchen oder Jungen aus dem 2. oder 3. Schuljahr);
- ✧ Kinder des 1. oder 2. Schuljahrs (die zu Beginn des Spiels vor der Bühne oder unter den Zuschauern sitzen)

Sebastian
☞ *betritt unsicher umherblickend die Bühne*
Guten Tag! Entschuldigt bitte, dass ich hier so einfach hereinkomme! Ich bin Sebastian Hupf, der Lokomotivführer.

1. Kind Lokomotivführer? Du hast doch gar keine Lokomotive!

Sebastian Das ist es ja eben. Natürlich habe ich eine Lokomotive. Aber die ist mir mal wieder weggefahren – ausgerissen sozusagen.
☞ *blickt sich um*
Nun suche ich sie überall und da habe ich gedacht, ich frage hier mal nach. Vielleicht hat sie jemand von euch gesehen.

2. Kind Hier ist doch eine Weihnachtsfeier. Wie sollen wir da eine Lokomotive gesehen haben?

Sebastian Na ja, es war so eine Idee von mir. Weil Lokomotiven doch gerne dahin fahren, wo viele Menschen sind. Meine besonders. Sie ist zudem sehr neugierig.

3. Kind Kann denn eine Lokomotive neugierig sein?

Sebastian Meine schon. Sie kann sogar sprechen. Und einen Namen hat sie auch.

4. Kind Wie heißt sie denn? Etwa Emma?

Sebastian Nein, das ist die von Lukas und Jim Knopf. Meine heißt ...

1. Kind Friedrich?

Sebastian Nein, nein, sie heißt Alma. Aber jetzt will ich nicht länger stören, sondern schnell weiter und sie suchen. Wer weiß, wo sie sich rumtreibt!
☞ *Als er weggehen will, hört man einen Pfiff.*
Oh, habt ihr das gehört?
☞ *dreht sich suchend um*
Ich glaube, Alma ist in der Nähe. Tatsächlich, da hinten kommt sie angefahren.
☞ *Alma erscheint am entfernten Eingang.*
Alma! Alma! Komm hierher!
☞ *winkt*

Kinder Al-ma, Al-ma, Al-ma ...

Alma ☞ *fährt langsam auf Sebastian Hupf zu und bleibt stehen*
Uff, da bin ich aber ganz schön ins Schnaufen gekommen.

Sebastian Aber Alma, wo bist du denn wieder gewesen?

Alma Ich bin zuerst nach ...
☞ *nennt eine Stadt in der Nähe*
gefahren, dann nach ...
☞ *nennt eine entferntere Stadt*
und zuletzt wieder zurück nach ...
☞ *nennt den Spielort*

Sebastian Und was wolltest du so weit weg? Warum bist du ausgerissen?

Alma Ich wollte gern mal nach Weihnachten fahren.

Sebastian Nach Weihnachten fahren?

Alma Ja, nach Weihnachten.

Sebastian Du meine Güte, Alma! Weihnachten ist doch keine Stadt!

Alma Was denn? Ist das hier etwa Weihnachten?

Sebastian Wie kommst du denn darauf?

Alma Ich habe draußen ein kleines Mädchen gefragt, was hier los ist, und es hat gesagt: Da in der Halle ist Weihnachten.

Sebastian Also, Alma: Das hier ist eine Weihnachtsfeier. Wir feiern mit unserer Schule Weihnachten. Und Weihnachten ... Ja, was ist eigentlich Weihnachten? Vielleicht fragen wir mal die Kinder. Also Kinder, wer von euch kann Alma erklären, was Weihnachten ist?

3. Kind Weihnachten bekommen die Kinder Geschenke.

4. Kind Und im Zimmer steht ein Tannenbaum mit brennenden Kerzen.

5. Kind Die Leute gehen in die Kirche und singen. Und sie freuen sich.

Sebastian Sie freuen sich?

6. Kind Die Kinder freuen sich auch.

Sebastian Über die Geschenke und den Weihnachtsbaum?

3. Kind Sie freuen sich über das Christkind.

5. Kind Weihnachten ist nämlich das Christkind auf die Welt gekommen. Vor zweitausend Jahren.

1. Kind Das ist Gottes Sohn. Jesus Christus heißt er.

Sebastian Hast du gehört, Alma? Weihnachten feiern wir die Geburt des Christkindes.

Alma Oh, das ist schön. Ich möchte auch Weihnachten feiern.

Sebastian Na klar, wir feiern doch alle.

Alma Ich möchte aber richtig mitmachen.

Sebastian Darfst du auch, Alma. Warte mal, ich habe da eine Idee.

Alma Hoffentlich eine gute!

Sebastian Ich denke ja. Wir wollen nämlich jetzt ein Lied singen.

Alma Ich kann aber nicht singen.

Sebastian Brauchst du auch gar nicht, Alma. Die Kinder singen. Sie hängen sich dabei an dich an und du ziehst den ganzen langen Zug einmal durch den Raum um die vielen Leute herum.

Alma Und dann?

Sebastian Dann setzen sich die Kinder wieder an ihren Platz, sind still und passen auf, wie es hier weitergeht. Du darfst natürlich auch zuschauen.

Alma Das finde ich gut. Wollen wir gleich losfahren?

Sebastian Ja, wir fahren gleich los.

☞ *ruft:*

Alle einsteigen bitte! Der Zug nach Weihnachten fährt in einer Minute hier ab!

☞ *Er stellt sich hinter die Lokomotive, die Kinder schließen sich an, wobei sie sich die Hände auf die Schulter legen oder sich anfassen.*

Abfahrt!

☞ *Der Zug setzt sich in Bewegung.*

Kinder ☞ *singen*

Es ist für uns eine Zeit angekommen,
die bringt uns eine große Freud.
Es ist für uns eine Zeit angekommen,
die bringt uns eine große Freud.
Übers schneebeglänzte Feld
wandern wir, wandern wir
durch die weite weiße Welt.

Es schlafen Bächlein und See unterm Eise,
es träumt der Wald einen tiefen Traum.
Es schlafen Bächlein und See unterm Eise,
es träumt der Wald einen tiefen Traum.
Durch den Schnee, der leise fällt,
wandern wir, wandern wir
durch die weite weiße Welt,

Vom hohen Himmel ein leuchtendes Schweigen
erfüllt die Herzen mit Seligkeit.
Vom hohen Himmel ein leuchtendes Schweigen
erfüllt die Herzen mit Seligkeit.
Unterm sternbeglänzten Zelt
wandern wir, wandern wir
durch die weite weiße Welt.

☞ *Sie wandern dabei einmal um die Zuschauer im Saal herum. Danach wird die Lokomotive an einen Platz „gefahren“, von dem aus sie „zuschauen“ darf. Die Sprecherin/der Sprecher der Alma und Sebastian verbeugen sich vor dem Publikum.*

Hinweise zum Spiel

Der Führerstand der Lokomotive wird aus einem Karton gefertigt und verbirgt eine Mitspielerin/einen Mitspieler. Diese/dieser trägt die Lokomotive und kann durch die gardinenverhangenen Fenster nach draußen sehen.

Als **Kessel** wird eine vorn verschlossene Rolle aus Pappe oder eine Waschpulvertonne angeklebt. Sie ruht auf einem rechteckigen Rahmen. An diesen klebt man die **Räder** aus fester Pappe an. Sie müssen schon einen kleinen Stoß vertragen können, da die Lokomotive streckenweise geschoben wird.

Schlot und Rauch (Watte) bilden eine wirkungsvolle Ergänzung. Die Lokomotive soll stabil, aber nicht zu schwer sein. Wenn sie sehr groß gerät, kann man sie von zwei Kindern tragen lassen, wobei sich eines im Schlot verbergen müsste.

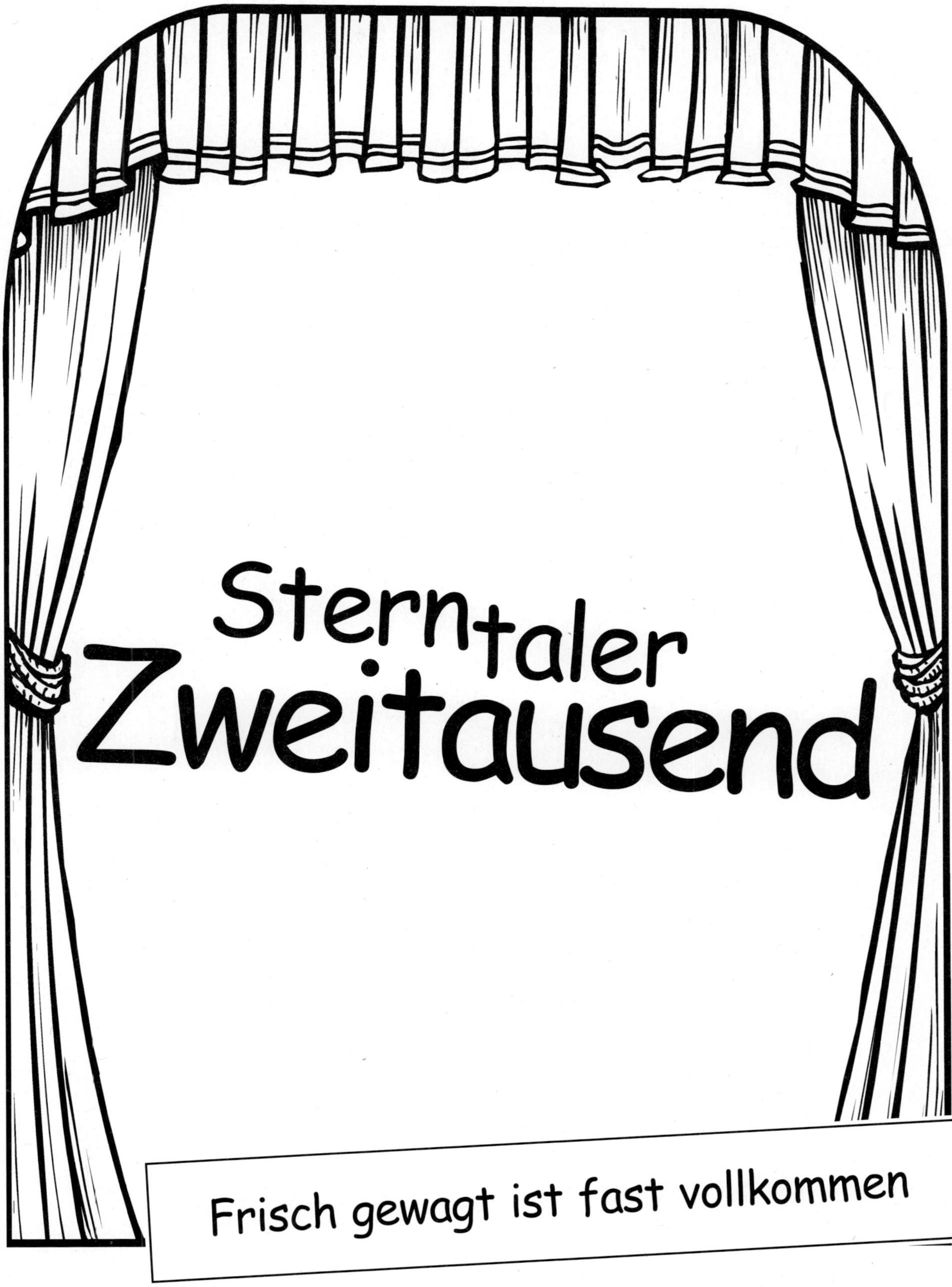

Sterntaler Zweitausend

Frisch gewagt ist fast vollkommen

Über dieses Spiel
Ein Schattenspiel für Grundschulkinder vom 3. Schuljahr an

Hilfsbereitschaft und Barmherzigkeit werden belohnt. Diese Aussage ist im Grimmschen Märchen „Die Sterntaler" so verdichtet wie in kaum einem anderen. Vielleicht ist es deshalb so einprägsam.

Stoff für ein Weihnachtsspiel? Mit den gegebenen Inhalten nicht zu machen! Aber das Grundmotiv wäre zu gebrauchen: Ein Mädchen wird für seine Hilfsbereitschaft belohnt. Bei uns wird es ein gewöhnliches Schulkind sein. Die gute Tat bleibt im Rahmen des Selbstverständlichen, ihre Belohnung wirkt nicht übertrieben. Allerdings rutscht uns als Randproblem das Thema Arbeitslosigkeit in die Handlung. Sind Kinder nicht überfordert, wenn sie ein brennendes Gegenwartsproblem dieser Art im Spiel darstellen sollen?

Wir entscheiden uns für ein Schattenspiel. Es distanziert. Mimik ist kaum gefragt. Die Gestik beschränkt sich auf elementare Bewegungen. Und auch die Sprache muss den gegebenen technischen Bedingungen Rechnung tragen. Zugleich lernen wir jedoch die vielfältigen Möglichkeiten kennen, die uns das Spiel mit Licht und Schatten bietet. Wie schnell ist zum Beispiel einer Person mit einfachen Mitteln ein anderes Aussehen gegeben!

Wir versuchen es, und siehe da: Es ist leichter als gedacht. Auch Anfänger im Schattenspiel kommen mit diesem Stück gut zurecht.

Anlass
Advents- oder Weihnachtsfeier in der Schule und anderswo

Spielort
Ein abdunkelbarer Raum mit einer Schattenspielbühne (siehe *Hinweise zum Spiel* u. Abb. S. 128)

Musik
Musikuntermalung am Anfang, zwischen den Bildern und am Ende ist gut möglich.

Dauer
ca. 15 Minuten

Mitwirkende
reale Personen seitlich vor der Bühne stehend oder sitzend:
- Erzählerin, Erzähler.

Schattenfiguren:
- Katharina,
- Mutter,
- Vater,
- Sabine,
- Ali,
- Thomas,
- Fußgänger,
- ältere Dame,
- Autofahrer,
- Lehrer/in

1. Bild *Vor dem Haus und auf der Straße (freie Projektionsfläche)*

Erzählerin Unsere Geschichte fängt an wie ein Märchen. Ob es eins ist, könnt ihr nachher selbst entscheiden.

☞ *Licht an!*

Erzähler Es war einmal ein Mädchen. Wir wollen es Katharina nennen.

☞ *Katharina von links nach rechts*

Sie lebte mit ihren Eltern in einer Mietwohnung in unserer Stadt.

☞ *Mutter von links nach rechts, dahinter der Vater*

Sie waren nicht arm, aber auch nicht reich. Morgens um sechs Uhr fuhr der Vater mit dem Auto zur Arbeit.

☞ *Vater im Auto von rechts nach links*

Um halb acht verabschiedete sich Katharina von ihrer Mutter und machte sich auf den Weg zur Schule.

☞ *Katharina, mit Ranzen auf dem Rücken, verabschiedet sich rechts von ihrer Mutter und geht nach links. Dort bleibt sie stehen.*

Unterwegs traf sie Sabine, Ali und Thomas, die auch zur Schule gingen.

☞ *Sabine, Ali und Thomas kommen von rechts und gehen mit Katharina links ab (Abb. 1).*

Erzählerin Als sie an diesem Tag im Dezember wieder nach Hause ging, begegneten ihr viele Leute. Die waren auf dem Weihnachtsmarkt gewesen und hatten eingekauft.

☞ *Katharina geht langsam von links nach rechts.*
Leute mit Taschen kommen ihr entgegen.

Vielleicht würden die Eltern mit ihr auch einmal dorthin gehen. Katharina malte sich die schönen Dinge aus, die es auf dem Weihnachtsmarkt zu bestaunen gab.

☞ *Ältere Dame mit schwerer Tasche und Stock geht von rechts bis zur Mitte und bleibt stehen.*
Autos – es können immer dieselben sein – fahren fortwährend in beiden Richtungen vorbei.

Sie war so in Gedanken versunken, dass sie beinahe gegen eine ältere Dame gestoßen wäre, die am Rand des Bürgersteiges stand und auf die andere Straßenseite hinüberwollte.

☞ *Katharina geht auf die Dame zu und stößt beinahe mit ihr zusammen. Während des folgenden Dialogs bleiben sie mit dem Profil einander zugewandt.*

Katharina Oh, Verzeihung!

Ältere Dame Wofür? Es ist doch nichts geschehen.

Katharina Ich hätte Sie beinahe übersehen.

Ältere Dame Das wäre nicht so schlimm gewesen. Viel schlimmer ist der Verkehr auf der Straße. Ich weiß gar nicht, wie ich hinüberkommen soll.

Katharina Soll ich Ihnen helfen?

Ältere Dame Wie stellst du dir das vor?

Katharina Ich sage den Autofahrern, dass Sie hinüberwollen.

Ältere Dame Und wie?

Katharina So!

☞ *Beide drehen sich mit dem Rücken zur Projektionsfläche. Katharina winkt.*

Erzähler Katharina stellte sich an den Rand des Bürgersteiges und streckte winkend die Hand zur Straße aus. Schon bald hielt links ein Auto an.

☞ *Auto von links hält an.*

Und da hielt auch rechts ein Auto.

☞ *Auto von rechts hält. Die Fahrer fordern durch Ausstrecken des Arms zum Überqueren der Fahrbahn auf (Abb. 2).*

Katharina nahm die ältere Dame an der Hand und führte sie auf die andere Seite hinüber.

☞ *Katharina und ältere Dame gehen auf der Stelle.*

Sie winkte den Autofahrern dankend zu.

☞ *Katharina macht entsprechende Handbewegungen.*

Die fuhren, zufrieden mit sich selbst, weiter.

☞ *Autos fahren weiter. Katharina und ältere Dame wenden sich wieder im Profil zu.*

Ältere Dame Das hast du wirklich geschickt gemacht. Wie heißt du eigentlich?

Katharina Ich heiße Katharina.

Ältere Dame Ich danke dir, Katharina!

Katharina Keine Ursache. Es hat mir Spaß gemacht.

☞ *Licht aus! Zwischenmusik!*

2. Bild *Am Fenster in Katharinas Zimmer*

Erzählerin So schön, wie der Tag bisher verlaufen war, ging er leider nicht zu Ende. Katharina fiel auf, dass die Eltern bedrückt wirkten. Als diese abends in ihr Zimmer kamen, sprach sie mit ihnen.

☞ *Licht an! Katharina steht links neben dem Fenster und blickt nach rechts, von wo ihre Eltern ins Bild kommen (Abb. 3).*

Katharina Warum seht ihr so traurig aus?

Mutter Das Werk hat dem Vater gekündigt.

Katharina Gekündigt?

Mutter Es hat keine Arbeit mehr und muss viele Leute entlassen.

Katharina Kannst du dir nicht woanders Arbeit suchen?

Vater Ich werde mich bemühen, aber es ist schwer, Arbeit zu finden.

Katharina Kriegst du jetzt kein Geld mehr?

Vater Wir bekommen Arbeitslosengeld, aber das ist nicht so viel.

Mutter Da weiß ich nicht mal, ob dir das Christkind zu Weihnachten die Puppe schenken kann, die du dir gewünscht hast.

Katharina Auch keinen Weihnachtsbaum?

Mutter Dafür wird es hoffentlich noch reichen!

Katharina Seid ihr dann nicht mehr traurig?

Mutter Nein, gewiss nicht. Weihnachten wollen wir nicht traurig sein. Doch nun musst du zu Bett gehen! Schlaf gut, mein Kind!

Katharina Gute Nacht, Mutti! Gute Nacht, Vati!

Vater Gute Nacht, Katharina!

☞ *Vater und Mutter rechts ab. Katharina blickt aus dem Fenster.*

Erzähler Katharina dachte noch lange über das nach, was die Eltern ihr gesagt hatten. Sie stand am Fenster und schaute zu den Sternen empor. Aber die waren so weit weg und konnten ihr auch nicht helfen. Und der liebe Gott? Und das Christkind? Vielleicht waren die gerade auf der anderen Seite der Welt und hatten Wichtigeres zu tun. Endlich ging sie doch zu Bett und schlief ein.

☞ *Licht aus!*

3. Bild *In der Klasse*

☞ *Am rechten Rand die Lehrerin, das Gesicht nach links. Vor ihr sitzen, hintereinander und ihr zugewandt, Ali, Katharina, Thomas und Sabine (Abb. 4). Licht an!*

Erzählerin Am nächsten Morgen in der Schule war Katharina gar nicht richtig bei der Sache. Selbst als die Lehrerin zum Schluss des Unterrichts ein Märchen erzählte, das Märchen von den Sterntalern, hörte sie kaum zu. Immer wieder wanderten ihre Gedanken zu den Eltern, die solche Sorgen hatten. Erst zum Ende der Geschichte, als die Lehrerin davon erzählte, wie die Sterne als blanke Taler vor dem armen Mädchen auf die Erde fielen, horchte sie auf. Die Lehrerin schwieg und einige Kinder meldeten sich.

Sabine Das war ein schönes Märchen. Mit einem Happyend.

Ali Zuletzt war das arme Mädchen ganz reich.

Thomas Es wurde belohnt, weil es vorher so gut gewesen war.

Katharina In Wirklichkeit gibt es das aber nicht.

Sabine Es kann ja nicht sein, dass die Sterne Taler sind.

Ali Nur im Märchen gibt es solche Wunder.

Lehrerin So ist es. Die Geschichte ist eben ein Märchen. Wir Menschen mögen Märchen, und manchmal träumen wir davon, dass sie wahr werden.

Katharina Wenn doch nur ein paar Goldtaler für mich vom Himmel fielen! Ein einziger nur!

☞ *Licht aus!*

Erzähler Ja, das wünschte sich Katharina. Aber als sie abends zum Himmel blickte, blinkten die Sterne nur kalt in der Ferne und der Mond zog stumm am Nachthimmel vorüber.

4. Bild *Im Wohnzimmer (Keine Kulissen)*

Erzählerin So traurig, wie man vermuten könnte, geht unsere Geschichte aber nicht zu Ende.

☞ *Licht an!*

Als ein paar Tage vergangen waren und Katharina eines Mittags aus der Schule nach Hause kam, machte die Mutter ein geheimnisvolles Gesicht und gab ihr einen Brief.

☞ *Katharina von rechts. Die Mutter kommt von links und gibt ihr einen Brief.*

Sogar der Vater kam neugierig hinzu.

☞ *Vater tritt von links hinter die Mutter.*

Mutter Für dich! Der Briefträger hat ihn gebracht.

Katharina Für mich? Von wem denn?

Mutter Eine Frau hat ihn geschrieben. Hier steht ihr Name: Emilie Soundso. Der Schrift nach könnte es eine ältere Frau sein.

Katharina Ich kenne keine Emilie Soundso.

Mutter Am besten, du machst den Brief auf! Dann wirst du es erfahren. Hier, nimm die Schere!

☞ *reicht ihr eine Schere*

Katharina

☞ *öffnet den Umschlag und entfaltet den Brief (Abb. 5).*

Die Schrift sieht etwas zittrig aus, aber man kann sie gut lesen.

☞ *liest langsam vor:*

Liebe Katharina, ich bin die Frau, der du am vergangenen Dienstag so freundlich geholfen hast. Ich habe mich nach dir erkundigt und deine Adresse ausfindig gemacht. Nun möchte ich dir eine kleine Freude bereiten und dich einladen, mich in den Weihnachtstagen einmal zu besuchen. Ich wohne in dem Haus in der Baumstraße Nummer 16. Auf dem Dachboden habe ich noch eine Puppenstube von früher aufbewahrt. Wenn sie dir gefällt, schenke ich sie dir. Es wäre schön, wenn auch deine Eltern mitkämen. Vielleicht passt es euch am zweiten Weihnachtstag. Herzliche Grüße – Emilie Soundso

Mutter Ein schöner Brief!

Vater Eine gute Frau!

Katharina Gehen wir hin?

Vater Klar, gehen wir hin. Und einen schönen Blumenstrauß nehmen wir mit.

Erzähler Katharina schaute den Brief an wie verzaubert. Die spitzen zittrigen Buchstaben erschienen ihr wie lauter blitzende Sterne. Sterne, die vom Himmel herabgefallen waren.

☞ *Licht aus!*

Hinweise zum Spiel

Vorteilhaft ist ein Saal mit einer erhöhten Bühne. Es kann aber auch in einem Klassenraum gespielt werden. Als **Projektionsfläche** bewährt hat sich ein weißes Tuch, das mit Heftzwecken auf einen Rahmen aus gehobelten Dachlatten gespannt wird. Es sollte drei Meter lang und mindestens 1,80 m hoch sein. Im Baumarkt gibt es rechtwinklige Beschläge zu kaufen, mit deren Hilfe die Konstruktion ohne störende Verstrebungen möglich ist. Setzt man die Längslatten aus Einzelstücken zusammen, kann die Bühne mit Hilfe von Scharnieren raumsparend zusammengeklappt und aufbewahrt werden. Während des Gebrauchs werden die Gelenkstellen durch aufgeschraubte oder aufgenagelte Leisten blockiert. Zwei Kartenständer reichen aus, die Spielwand in der Senkrechten zu halten, wenn man diese zusätzlich mit Klebeband befestigt. Links und rechts müssen sich die Akteure vor und nach ihrem Auftritt verbergen können.

Als **Scheinwerfer** dient ein Tageslichtprojektor oder ein Halogenstrahler. Bei der Aufführung steht ein Ersatzgerät bereit. Der **Fensterrahmen** und **etwaige andere Kulissen** werden aus Pappe geschnitten und mit Heftzwecken an die (obere) Rahmenleiste geheftet.

Wie und in welchem Abstand sich die Spieler vor der Projektionsfläche am besten bewegen, muss man ausprobieren. Wenn die untere Leiste der Projektionsfläche die Schuhe der Spieler störend verdeckt, erhöht man den Boden dahinter durch aneinandergelegte Turnmatten.

Das Stück ist gut geeignet für den Einstieg in das Schattenspiel mit Personen. Es klappt besser, als man annimmt, und macht viel Spaß.

Abb. 1

Abb. 2

Abb. 3

Abb. 4

Abb. 5